PAIS FERIDOS, FILHOS SOBREVIVENTES

MAYA EIGENMANN

PAIS FERIDOS, FILHOS SOBREVIVENTES

astral
cultural

Copyright © 2023 Maya Eigenmann
Todos os direitos reservados à Astral Cultural e protegidos pela Lei 9.610, de 19.2.1998. É proibida a reprodução total ou parcial sem a expressa anuência da editora. Este livro foi revisado segundo o Novo Acordo Ortográfico da Língua Portuguesa.

Editora Natália Ortega
Editora de arte Tâmizi Ribeiro
Produção editorial Ana Laura Padovan e Brendha Rodrigues
Preparação João Rodrigues
Revisão Carlos César da Silva
Capa Agência MOV
Ilustrações de miolo Bruna Andrade
Foto da autora Flávia Laurentino

Dados Internacionais de Catalogação na Publicação (CIP)
Angélica Ilacqua CRB-8/7057

E35p   Eigenmann, Maya
        Pais feridos, filhos sobreviventes : e como quebrar este ciclo/ Maya Eigenmann. — Bauru, SP : Astral Cultural, 2023.
        192 p. : il.

        ISBN 978-65-5566-383-9

        1. Parentalidade 2. Educação afetiva I. Título

23-3774   CDD 306.874

Índice para catálogo sistemático:
1. Autoajuda

BAURU
Avenida Duque de Caxias, 11-70
8º andar
Vila Altinópolis
CEP 17012-151
Telefone: (14) 3879-3877

SÃO PAULO
Rua Major Quedinho, 111
Cj. 1910, 19º andar
Centro Histórico
CEP 01050-904
Telefone: (11) 3048-2900

E-mail: contato@astralcultural.com.br

Para Haroldo, Luca e Nina.
Vocês são meu templo,
meu porto seguro,
os que fazem a vida valer a pena ser vivida.

Prefácio

Tive pais dedicados e que sempre priorizaram os quatro filhos que tiveram. Mas a ideia deles de educação era baseada em disciplina, autoritarismo e violência. E eu entendo o comportamento deles, pois a educação que eles davam era a educação que receberam e que achavam ser a melhor para os filhos. Só que, apesar das boas intenções, as ações deles acabaram causando sofrimento e consequências emocionais para mim e para meus irmãos.

Por muitas vezes, me senti inadequada e insegura. Tinha dificuldades de dizer não e de saber o que eu realmente gostava, pois acabava sempre me preocupando em agradar aos outros. Sem contar o medo de errar e o perfeccionismo paralisantes. E o curioso é que eu não lembro de nenhum dos motivos pelos quais eu apanhei ou fui repreendida pelos meus pais, mas lembro exatamente de como eu me sentia. Me sentia sendo injustiçada. Me sentia invisível, sem voz, inadequada e diminuída. Como se ninguém no mundo se importasse comigo. Meu coração era cheio de mágoas.

Quando engravidei, não sabia nada sobre Educação Positiva, respeitosa ou qualquer assunto relacionado a isso. O que eu sabia é que não queria que meus filhos se sentissem como eu me sentia. Queria que eles se sentissem ouvidos e queria muito ouvir.

Aos poucos fui pesquisando e procurando mais sobre educação e tudo que fui aprendendo fazia muito sentido dentro do que eu acreditava. Felizmente, eu não precisava replicar integralmente a educação que recebi. Foi fácil e natural aplicar a Educação Positiva, pois ela curava minhas dores. Era essa a educação que eu gostaria de ter recebido.

Nesse interesse pelo assunto, em algum momento me deparei com um vídeo da Maya nas redes sociais e comecei a acompanhar seu trabalho. Fiquei encantada com a facilidade dela em transmitir os conteúdos e em simplificar assuntos que parecem complexos para tanta gente. Fiquei e fico feliz em ver alguém com conhecimento tão rico e com uma didática tão boa alcançando milhões de pessoas. Consigo enxergar uma transformação de verdade e fico cheia de esperança no futuro. Imagino a quantidade de crianças que têm suas criações impactadas com tudo o que ela ensina. Quantas vidas melhoradas! Um impacto imenso na vida da próxima geração!

Neste seu segundo livro, Maya nos propõe revisitar nossa criação e nossas próprias feridas com questionamentos e sugestões de tarefas. Refletir e questionar nossas crenças e entender que nossos gatilhos não são só um auxílio ao nosso processo de autoconhecimento, mas também nos ajudam a não repetir padrões da nossa própria criação que não deveríamos replicar. Ela também dá exemplos de como colocar a Educação Positiva em prática, o que facilita o processo de aprendizagem.

Sei que para uma grande parte dos novos pais e mães essa facilidade em aplicar a Educação Positiva não é tão natural. Quando a violência, o autoritarismo e o desrespeito são as únicas referências que você tem para educar crianças, pode ser complexo ter de desconstruir esse universo e criar novos padrões de comportamento e de atitudes.

Este livro é uma ótima ferramenta para quem quer quebrar o ciclo da violência e criar os filhos de uma maneira mais respeitosa e reduzir danos futuros. Espero que você aproveite as atividades, absorva os conteúdos e que isso lhe ajude a ter um relacionamento mais saudável e respeitoso com as suas crianças ou com outras crianças que você conviva.

Morgana Secco,
criadora de conteúdo digital
e mãe da Alice e da Julia.

Sumário

Apresentação	13
Capítulo 1 - Educação Positiva não é modinha	33
Capítulo 2 - Amor é um fator protetivo, mas só senti-lo não basta	49
Capítulo 3 - Acolhimento como linguagem de amor universal	75
Capítulo 4 - A predeterminação biológica do apego e o que fazemos com isso	99
Capítulo 5 - A ciência dos fatores protetivos	109
Capítulo 6 - Confiança-base	127
Capítulo 7 - E se...	137
Capítulo 8 - Relatos pessoais	153
Conclusão	181
Bibliografia	185

Apresentação

Ao contrário do que ouvimos falar por aí, não é por meio da dor que nós prosperamos, e sim pelo amor. Neste livro, quero apresentar, essencialmente, dois pontos que nos impedem de praticar esse amor com nossos filhos: os nossos próprios traumas e a sociedade adultista — termo que explicarei ao longo do livro.

Em 2018, quando a Educação Positiva cruzou meu caminho, senti que havia uma luz no fim do túnel. Isso porque eu me achava a pior mãe do mundo e sentia uma necessidade avassaladora de proteger e salvar meus próprios filhos de mim mesma.

Amo meus filhos visceralmente, mas, ao mesmo tempo, à época eu me transformava, em certos momentos, na pior inimiga deles. O que, por sua vez, gerava em mim uma imensidão de culpa e uma sensação de fracasso sem tamanho.

Ao me deparar com os conteúdos da Educação Positiva, senti que havia ali ao menos uma pequena chance de transformar esse cenário. Sendo assim, mergulhei nesse universo com todas as minhas forças, porque o desejo de mudar para e pelos meus filhos ardia intensamente em mim.

Mesmo assim, algum tempo depois de estudar a respeito e de, inclusive, notar mudanças na nossa relação, percebi que minha evolução nessa nova jornada havia estagnado. Eu seguia tudo o que os profissionais da educação indicavam fazer, compreendia os fundamentos, mas sentia que com os meus filhos não "funcionava" tanto — e aqui coloco "funcionava" entre aspas, porque, de fato, a Educação Positiva não é para funcionar com as crianças, e sim com os adultos.

Eu, por exemplo, lia e ouvia relatos de crianças sendo acolhidas e sentindo alívio ao serem abraçadas pelos pais, mas não conseguia praticar isso com as minhas crianças. Na verdade, parecia acontecer o contrário: quanto mais tentava, pior ficava o choro. O que eu ainda estava fazendo de errado? Afinal, conhecia e compreendia a teoria, mas, na época, o resultado ainda não era o esperado.

Em um dia em que estava bastante triste, a sensação avassaladora de fracasso tomava conta de mim e senti vontade de chorar. Sentia tanta vergonha que não conseguia contar para nenhuma outra mãe sobre os desafios que vinha enfrentando. Somente tinha coragem de confessar minhas dores e medos ao meu marido. Nesse dia, a garganta apertou e senti um nó dentro dela, do tamanho de uma bola de futebol. Estava profundamente entristecida, mas não queria ceder ao choro, ainda mais na frente das crianças.

Pela primeira vez, percebi, com clareza, que não me permitia chorar. E tal percepção me deu um estalo, um clique transformador: como eu esperava que meus filhos se sentissem acolhidos por mim quando choravam, se não permitia nem que eu mesma chorasse?

Desde então, iniciei uma autoinvestigação e autoanálise para compreender o porquê da existência desse meu bloqueio. Comecei a notar os julgamentos que surgiam à minha mente nos momentos de tristeza: "Chorar é coisa de gente fraca"; "Seus filhos não podem te ver chorar"; "Tem tanta gente que está muito pior do que você, então pare de frescura"; "Tem que sempre ver o lado positivo das coisas, então 'xô, tristeza' e bola para a frente"; "Chorar não resolve nada".

Todos esses julgamentos me impediam de viver um processo simples, natural e humano, que é o de sentir. E, como consequência, quando meus filhos choravam, eu acabava projetando esses mesmos julgamentos sobre eles: "Que frescura esse choro"; "Mas eu faço de tudo para essa criança, que ingrata por estar chorando agora!"; "Minhas crianças têm de ser fortes, então preciso mesmo ser dura com elas!".

É claro que entendo que, se minha mente estiver sendo rondada por julgamentos assim, jamais conseguirei, de fato, acolher genuinamente o choro dos meus filhos. Acabarei, consciente ou inconscientemente, querendo manipular ou cessar o choro deles, porque, no fundo, existe em mim um preconceito relacionado a choro.

Então, finalmente, entendi que de nada me adiantariam frases prontas ou "ferramentas" para acolher meus filhos, se nem a mim mesma eu conseguia acolher e se não acreditasse, de fato, que o choro era uma expressão natural e que, por isso, precisava ser acolhido livremente. Existia, querendo ou não, um bloqueio dentro de mim, e isso acabava refletindo na forma como me comportava diante das expressões emocionais dos meus filhos também.

Ao chegar a essa conclusão, comecei a olhar com mais cuidado para as minhas reações, meus julgamentos e meus gatilhos, a fim de observar melhor a forma com que eu lidava com os comportamentos e as emoções dos meus filhos. Desse modo, percebi a dureza com a qual eu me tratava e como, em consequência, espelhava isso com meus filhos. Iniciava-se, ali, um caminho para o autoconhecimento como nunca antes acontecera na minha vida.

Foi só depois de começar esse processo que realmente pude me conectar com as minhas crianças e experienciar pela primeira vez, depois de algum tempo, a sensação de acompanhar o choro dos meus filhos sem manipulá-los, de simplesmente ser um porto seguro para eles, sem me desesperar diante dos sentimentos que demonstravam.

Dar esses primeiros passos no autoconhecimento me possibilitou uma compreensão muito mais profunda e clara da potência da Educação Positiva, como um caminho que pode resgatar o verdadeiro amor, não só pelos nossos filhos, mas também por nós mesmos. O primeiro passo é, então, perceber a maneira como o fato de sermos adultos feridos pode acabar resultando em termos filhos sobreviventes. Mas há um outro desafio para os pais: a sociedade adultista.

O adultismo é um sistema de opressão e abuso de poder do adulto sobre a criança, assim como é todo e qualquer caso de excesso de poder empregado por alguém com certo poder e direcionado a alguém em posição inferior na hierarquia.

Se pararmos um instante para observar a sociedade, perceberemos que nossas crianças têm pouca voz. As crenças comuns que nos permeiam incentivam o uso de castigos físicos e emocionais contra crianças. Inclusive existem inúmeros ditos profissionais que, com a justificativa de não as deixar mimadas, sugerem, por exemplo, deixar crianças chorando em vez de acolhê-las.

Muitas escolas ainda usam o "cantinho do pensamento", onde a criança é deixada para que possa pensar a respeito de algum comportamento que teve o qual é considerado inadequado pela sociedade, como se isso fosse causar alguma reflexão revolucionária dentro da mente da criança.

Ainda hoje existem programas de televisão que ensinam a ignorar aquilo que rotulam como mau comportamento e a premiar o que consideram como bom comportamento, tratando nossas crianças como se estivessem inscritas em um programa de adestramento. Todas essas e muitas outras práticas são nocivas para as crianças e, como pais e adultos cuidadores, podemos blindá-las da maioria delas.

O maior fator protetivo contra traumas absorvidos ainda na infância é uma relação de segurança e, ao longo do livro, quero munir você com as informações necessárias para que possa reduzir, na sua criança, os danos da toxicidade existente na visão adultista sobre a criança e seus comportamentos.

Quando falo de Educação Positiva, com frequência ouço: "Isso tudo é mimimi, uma inversão de valores. É o adulto que manda e pronto". O que precisa ficar claro aqui é que, na verdade, os valores já estão invertidos, e já faz muito tempo, pois, embora nós, adultos, sejamos o cérebro maduro da relação, muitas vezes ainda esperamos que os filhotes humanos se adequem a nós.

Acreditamos que nossas crianças devem facilitar nossa vida e cobramos que elas se comportem como se fossem pequenos adultos.

Já passou da hora de revertermos os valores para que a dinâmica compatível com a nossa espécie e natureza funcione; ou seja, é preciso entender que é o adulto quem se adapta à criança, e não o contrário. Dessa forma, poderemos oferecer uma infância que promova saúde em termos emocionais e físicos às nossas crianças (Gerhardt, 2017). Sendo assim, este livro é um convite, teórico e prático, para que você volte junto comigo às origens da nossa espécie. É um convite para perceber que a dor não promove a vida, mas o amor, sim.

Não tenho a pretensão de acreditar que seja possível mudar o mundo com um livro, mas talvez seja possível transformar o mundo de algumas pessoas com esta obra. Ainda somos todos nós adultos feridos, criando filhos sobreviventes, mas é possível quebrar esse ciclo. Juntos, você e eu podemos ser o início dessa revolução amorosa.

O que há de diferente nesta obra? Quando escrevi meu primeiro livro, intitulado *A raiva não educa. A calma educa*, havia uma clara intenção: criar uma porta de entrada para pessoas que até então nunca tinham ouvido falar em Educação

Positiva. Queria um livro sucinto, direto, que provocasse reflexões, principalmente a respeito de como oprimimos as crianças sem sequer percebermos.

Meu primeiro livro foi uma tentativa de fazer as pessoas darem uma chance à Educação Positiva, tema que tanto gera controvérsias, críticas e resistência em nossa sociedade adultista. A leitura do meu primeiro livro não é obrigatória para a compreensão desta presente obra, mas lhe ajudará a ter um entendimento mais aprofundado dos temas que serão tratados aqui. Inclusive, alguns pontos serão retomados por se tratar de conceitos fundamentais para a compreensão de certos conteúdos.

Contudo, escrevo esta segunda obra com três intenções: aprofundamento, autoanálise e prática. Desejo levar o leitor a um aprofundamento dos fundamentos da Educação Positiva, em especial do Apego Seguro, que é o maior recurso de prevenção ao trauma (Gerhardt, 2017), capaz de afetar direta e positivamente o desenvolvimento físico e emocional de uma criança e de reverberar em sua vida adulta.

Não que seja possível evitarmos todos os traumas, mas é absolutamente possível reduzirmos os danos quando temos mais conhecimento sobre o desenvolvimento humano e das necessidades básicas dos filhotes humanos. Esse foi um pedido de alguns leitores acerca do meu primeiro livro e que, com satisfação, desejo atender nesta obra.

A autoanálise é o segundo recurso que pretendo implementar neste livro porque senti a necessidade de, gentilmente, direcionar melhor o olhar do leitor para suas próprias feridas, mas não pela perspectiva do adulto que você é hoje, e sim pela criança que já foi. Coloquei, então, algumas "pausas para reflexão" ao longo do livro. Espero que essas reflexões levem o leitor a um nível de compreensão ainda maior de como o nosso passado, de fato, influencia nosso presente. Sem essa compreensão, infelizmente continuaremos perpetuando o mesmo ciclo de inconsciência e dor nas futuras gerações.

É importante frisar que não existem respostas ou sensações certas ou erradas para essas reflexões. São apenas instigações criadas para promover um aprofundamento no autoconhecimento e, assim, trazer mudanças na dinâmica entre você e suas crianças.

Pode ser, inclusive, que você não tenha memórias explícitas sobre as perguntas que farei. Saiba que não é necessário que se lembre. Às vezes, o que fica marcado em nós é uma lembrança "física", que pode se apresentar como um desconforto diante da pergunta posta. Confie no seu corpo, ele é uma fiel testemunha do que você viveu (Levine, 1993), mesmo que você não se lembre. Então, caso não tenha uma memória, anote as sensações que surgiram diante da pergunta para reflexão.

Já a parte prática do livro foi um desafio para mim. Uma das sugestões que recebi a respeito do meu primeiro livro foi a de implementar mais conteúdos práticos para os adultos "aplicarem" com as crianças. Particularmente, não acredito em "aplicação", ferramentas ou até mesmo em atalhos. Mas encontrei um caminho para ajudar meus leitores a terem uma experiência mais prática do que é viver a Educação Positiva: por meio de relatos pessoais sobre desafios que vivenciei e de como os conduzi com minhas próprias crianças.

Por fim, o último capítulo tem um relato pessoal a respeito da minha jornada como mãe. Espero que minha vivência ajude você a ampliar seu repertório e seu olhar sobre como viver a Educação Positiva.

Antes de continuar...

... há alguns pontos que preciso deixar registrados. Pode ser que, ao longo da leitura, você sinta lampejos de culpa por já ter desrespeitado suas crianças em algum momento da relação entre vocês. Posso dizer que também já fui desrespeitosa com meus filhos e hoje uso a culpa como combustível para a mudança. Quando esse sentimento surgir, convido você a refletir sobre quatro pontos:

- o que passou, passou. Não tem como voltar atrás e tampouco precisamos fazê-lo. Trabalharemos com o que temos agora, em nosso presente. Reforço que nosso trabalho como adultos cuidadores não é gabaritar ou sermos perfeitos, e sim reduzir danos, um conceito precioso que aprendi na terapia;
- a culpa servirá de combustão para agirmos de forma diferente da atitude que tivemos antes. Ela não é, necessariamente, acusadora. Na verdade, é um sentimento capaz de promover em nós uma reflexão acerca de nossas ações e uma possível mudança. E qualquer passo em prol da afetividade e conexão já promove uma redução de danos;
- com certa frequência ouço que a Educação Positiva é mais um peso para os pais, que é muito difícil viver e "colocar em prática".

A respeito disso, quero dizer que, se nós tivéssemos crescido em relacionamentos abundantes e seguros, não teríamos dificuldade em promover esse cenário aos nossos filhos. Como a maioria não cresceu nesse contexto, é como se precisássemos agora aprender um novo idioma que nunca chegamos a ouvir falar antes. É difícil, sim, e muitas vezes os caminhos podem não ser naturais. É um processo de readaptação que pode durar uma vida inteira. Mas garanto que, ao estarmos vivenciando a Educação Positiva, voltamos às nossas origens. Como espécie humana, fomos programados para educar com conexão, afeto, respeito. Espero que o presente livro encoraje esses pais e demais adultos cuidadores a continuarem na trajetória da Educação Positiva e que os faça se lembrarem de que toda intervenção positiva na vida das crianças já representa uma redução de danos: tanto da sociedade adultista quanto dos nossos próprios traumas;

- por fim, para deixar bem gravado mesmo: não se trata de perfeição. Não queira gabaritar. Você não precisa fazê-lo. Como escreve a psicóloga suíça Alice Miller, o lugar de perfeição não está disponível para ser ocupado por nós. Quando estamos na busca da perfeição, é como se ainda nos comportássemos como a criança que um dia fomos, que não tinha permissão de errar ou falhar. É como se ainda existisse um papai ou uma mamãe "internos" nos apontando um dedo, nos ameaçando de castigo.

Seus filhos não precisam
que você seja perfeito.
Eles precisam que você seja
consciente do que faz e que se
comprometa a melhorar,
um passo de cada vez.
Então, concentre-se
na redução de danos.

Pausa para autorreflexão:

Como você lida com seus erros? Você se permite errar e consegue reconhecê-los? Tenta disfarçar? Nega ter errado? Disfarçar ou negar os erros é um mecanismo de proteção. Caso você tenha a tendência de fazer isso, consegue imaginar por que você aprendeu a reagir assim diante dos seus erros? Na sua criação, havia espaço para errar? Como você era tratado ao errar?

_____

_____

_____

_____

_____

_____

_____

_____

_____

_____

EDUCAÇÃO POSITIVA NÃO É MODINHA

"Se as punições educassem,
há séculos a espécie humana
não cometeria mais crimes."
— Isabelle Filliozat

Ao contrário do que se pensa, os embasamentos da Educação Positiva e de como ela é um fator protetivo para o desenvolvimento da criança não são tão recentes. Há literatura sobre o tema desde o final do século XIX, em obras do educador e filósofo austríaco Rudolf Steiner quanto ao desenvolvimento infantil sob a ótica da antroposofia, assim como as obras da pedagoga e doutora italiana Maria Montessori, que remontam ao início do século XX. Essas foram tentativas primordiais para levar aos adultos uma visão mais adequada sobre a infância e, embora ainda não fossem totalmente centradas nas necessidades das crianças, já traziam um contrapeso ao adultismo vigente.

Na década de 1950, houve um considerável avanço na conscientização das necessidades emocionais das crianças por meio do trabalho acadêmico do psiquiatra e psicanalista inglês John Bowlby, criador da Teoria do Apego, um dos pilares da Educação Positiva. O que fundamenta essa teoria é que o apego é um movimento biológico da nossa espécie e que as crianças intuitivamente desejarão se aproximar e se conectar com seus adultos cuidadores, visto que, em termos evolucionistas, isso aumenta a chance de sobrevivência dos filhotes humanos. Bowlby conclui que, quanto mais seguro for o apego entre o adulto cuidador e sua criança, melhor esta poderá se desenvolver emocionalmente. Nessa época, as evidências eram mais voltadas para os benefícios emocionais, mas algumas décadas depois a ciência mostraria também os benefícios físicos.

Se Bowlby enfatizou a importância de um apego seguro na infância, uma outra pesquisa ressaltou os danos da falta de uma relação segura da criança com os adultos cuidadores: o estudo acerca de Experiências Adversas na Infância (*Adverse Childhood Experiences* — ACEs). Essa é uma das mais robustas pesquisas, com quase dez mil participantes, sobre a importância de se preservar a criança e a infância, que foi publicada em 1998 pelos médicos estadunidenses dr. Vincent Felitti e dr. Robert Anda.

Os participantes foram questionados sobre dez experiências adversas específicas vividas durante a infância (abuso físico, abuso sexual, abuso emocional, negligência física, negligência emocional, doenças mentais em um dos adultos cuidadores, pai ou mãe encarcerados, figura materna tratada com violência, abuso de drogas e divórcio). Como resultado, o estudo observou que, quanto mais experiências adversas uma pessoa havia experienciado em sua infância, maiores foram as manifestações de doenças cardíacas, respiratórias e autoimunes, assim como foi notado um maior índice de abuso de drogas e suicídio.

Esse é um dos estudos mais robustos que mostra como uma relação na qual faltam segurança e afeto pode lesar não só o emocional, como também o físico do ser humano. Atualmente, aliás, considera-se que essas dez experiências adversas não são as únicas experiências que afetam negativamente o desenvolvimento de uma criança.

Inclusive, os vastos estudos relacionados à síndrome do estresse pós-traumático dos soldados estadunidenses que voltaram da Guerra no Vietnã nos anos de 1970 ampliaram ainda mais o olhar da psicologia e da psiquiatria sobre o funcionamento do cérebro humano e de como o trauma o afeta (Kolk, 2020), abrindo portas para investigar como o trauma impacta não só adultos, mas também crianças.

O trabalho do dr. Peter Levine, um dos principais especialistas em trauma do mundo, nos conduziu para uma melhor compreensão do funcionamento do trauma e de como o podemos curá-lo e até, em partes, preveni-lo (Levine, 1993 e 2008). O maior fator protetivo contra traumas é uma relação de confiança entre os adultos cuidadores primários e a criança (Burke-Harris, 2019). É isso o que torna tão necessário falar de programas de educação parental que instruam pais, mães e cuidadores quanto à indispensável importância de se construir uma relação positiva e acolhedora com as crianças. Isso pode, literalmente, salvar a vida de muitas crianças.

Atualmente, temos uma ampla e profunda base científica que sustenta os fundamentos da Educação Positiva, que são o Apego Seguro (Bowlby, 1952), o desenho original do ser humano (Gutman, 2016), a inteligência emocional e a ciência do desenvolvimento humano, sendo que essas duas últimas são áreas formadas pelo trabalho de vários especialistas que serão citados neste livro.

É válido observar que, ainda assim, há uma resistência em confiar nos resultados das pesquisas que corroboram com a Educação Positiva.

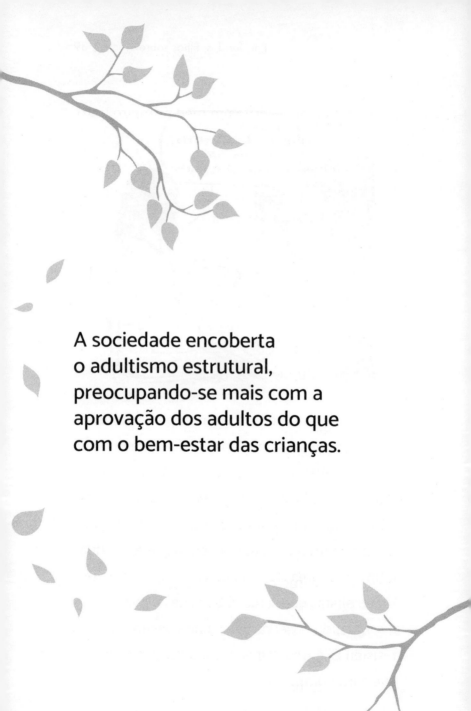

A sociedade encoberta
o adultismo estrutural,
preocupando-se mais com a
aprovação dos adultos do que
com o bem-estar das crianças.

Como já foi descrito em meu primeiro livro, um dos principais motivos para o adultismo estrutural manter-se ainda enraizado em nossa sociedade é a herança emocional oriunda da Pedagogia Nebulosa (Rutschky, 1977; Miller, 1986 e 2011).

Diversos mitos que existem acerca da infância, como o de que o ato de dar muito colo pode deixar a criança "mal-acostumada", são propagados por alguns profissionais ligados ao desenvolvimento infantil, de pediatras a profissionais da educação, que, embora tenham estudado sobre a infância, ainda não estão trabalhando centrados nas necessidades desse público.

É por isso que, por meio deste e também do meu primeiro livro, pretendo ajudar a todos os adultos, sejam eles pais ou professores, médicos ou todo e qualquer adulto que cuide ou tenha contato próximo com crianças, a enxergarem a real violência que praticamos com elas todos os dias.

Da mesma forma, pretendo mostrar como a ciência pode nos trazer caminhos para educar nossas crianças capazes de promover a saúde física e psicológica delas, protegendo-as dos efeitos do adultismo estrutural existente em nossa sociedade.

Inclusive, um dos termos encontrados em algumas pesquisas internacionais que citarei aqui sobre esse tema é "Educação Protetiva", o que faz muito sentido, considerando que a educação promovida com afeto e conexão se tornam um fator protetivo para a saúde emocional e física da criança.

Ao nos aprofundarmos nos pilares que fundamentam a Educação Positiva, poderemos aprender a, de fato, enxergar as crianças e também a não abaixar a cabeça para conselhos e indicações, sejam eles vindos de quaisquer profissionais, que tendem a prejudicar a criança e favorecer o adulto.

Como sempre digo: entre o adulto e a criança, qual dos dois tem o cérebro maduro? Nós, é claro! Exatamente por isso, também somos nós, adultos, que precisamos nos adaptar às crianças, não o contrário.

Pausa para autorreflexão:

Você consegue se lembrar de ter ouvido palpites ou até mesmo recomendações profissionais que lhe geraram desconforto sobre o que fazer ou não com sua criança? Escreva quais foram e como você se sentiu diante desses palpites ou "recomendações". Caso tenha cedido a essas sugestões, mesmo elas fazendo com que você se sentisse mal, você consegue identificar por que acabou cedendo?

_____

_____

_____

_____

_____

_____

_____

_____

_____

_____

Uma sociedade anticrianças

Como pudemos perceber, a Educação Positiva já possui algumas décadas de pesquisa e percurso científico, mas, infelizmente, a sociedade ainda fecha os olhos para essa realidade. E isso pode ser notado nas mais variadas esferas sociais, como, por exemplo, no caso das inúmeras mães solo que precisam se debruçar sozinhas na criação de crianças que, obviamente, não colocaram no mundo sozinhas.

Ou ainda em famílias que são obrigadas a colocar suas crianças em creches e escolas com quatro meses de idade porque não têm o privilégio de escolher abrir mão do trabalho. Mães com uma sobrecarga materna insuportável que, mesmo muitas vezes sendo casadas ou tendo um parceiro, ficam com 99% das tarefas relacionadas à criação da criança.

Se nossa sociedade fosse centrada na criança, levaríamos a sério o fato de que uma mãe sobrecarregada e exausta não dá conta de se disponibilizar para suas crianças no que diz respeito à parte emocional. E, nesse caso, também nos preocuparíamos com aqueles que estão em situação de vulnerabilidade social, afinal de contas uma família que se aflige se vai ou não comer no dia seguinte só consegue se preocupar com a sobrevivência. Não há abundância emocional nesse cenário, apenas muita aflição e estresse para todos, principalmente para a criança.

Assim, não é possível falar em Educação Positiva sem olhar para o contexto social de cada família e como as políticas públicas falham em proteger os membros mais vulneráveis da sociedade, assim como seus cuidadores.

Embora a sociedade seja construída em cima de valores adultistas, existem brechas em nossos cenários, nos quais podemos reduzir os danos na criação de nossas crianças.

A ideia não é criar o cenário perfeito, mas sim diminuir os efeitos de fatores que geram danos ao desenvolvimento saudável da criança. Quando consideramos ainda questões sociais, raciais, econômicas e também emocionais, há privilégios que permeiam a vida de alguns, mas não a de outros.

Trago neste livro os fundamentos científicos que temos à disposição para tentar fazer o melhor que pudermos, dentro da realidade de cada pessoa. Se nos concentrarmos na redução dos danos, e não na perfeição, a Educação Positiva e seus benefícios se tornam uma vivência possível.

Pausa para autorreflexão:

Precisamos falar sobre o planejamento de filhos de forma consciente. Você já se questionou quanto aos motivos pelos quais as pessoas têm filhos? Será que temos filhos porque se trata de uma exigência? Ou será que temos filhos porque queremos que eles nos façam felizes? E, afinal, de quantas crianças nós daríamos conta de cuidar? Uma? Duas? Nenhuma?

Além de refletirmos sobre ter ou não ter filhos, será que temos conversas honestas com nosso parceiro sobre o tipo de educação que pretendemos dar às crianças antes de gerá-las? Ou será que alimentamos uma fantasia de que, depois de ter filhos, seremos felizes para sempre?

_____

_____

_____

_____

_____

2

AMOR É UM FATOR PROTETIVO, MAS SÓ SENTI-LO NÃO BASTA

"Uma geração cheia de pais que amam
seus filhos profundamente poderia mudar
o cérebro da próxima geração
e, com isso, o mundo."
— **Charles Raison**

Nos capítulos seguintes, vamos observar pesquisas sobre como o afeto e também o apego podem influenciar diretamente no desenvolvimento das crianças. Mas, antes de esquadrinharmos essa temática, primeiro é preciso compreender um ponto-chave: *amar a criança não é suficiente.*

Podemos partir do pressuposto de que a maioria dos pais sente amor por seus filhos. A questão, porém, é que o amor que fica guardado dentro do coração do adulto está oculto para a criança. O adulto sente esse amor, mas esse amor não é transmitido nem depositado automaticamente no coração da criança. O amor não é palpável para a criança, afinal ela não consegue pegá-lo ou segurá-lo.

Se nós, adultos cuidadores, ficássemos ao lado da nossa criança, parados como se fôssemos uma estátua, sem sequer pronunciar uma única palavra e sem nunca interagir com ela, como essa criança seria capaz de saber que ela é realmente amada por nós?

É necessário existir um meio de comunicação efetivo para que a criança possa sentir e perceber esse amor. O meio de comunicação para que isso aconteça é o tratamento do adulto para com a criança. É pela maneira como a criança é tratada que ela saberá se é ou não amada.

Então, queridos adultos, não basta sentir amor pela criança. A prova desse amor está em nossas atitudes, na nossa atenção, na forma como falamos, cuidamos e tratamos a criança.

Esse amor manifestado por nossas atitudes é o que protege nossas crianças e que, em partes, as definem.

Mas, afinal, de que tratamento estou falando especificamente? Eu me refiro a um tratamento que transmita amorosidade e segurança para a criança. Se queremos promover um desenvolvimento saudável para ela e reduzir os danos das consequências da educação adultista e violenta, precisamos criar uma relação que transmita segurança, e não medo.

Gritos, castigos, punições, o ato de ignorar a criança e palmadas são todos "métodos" nocivos e prejudiciais para a saúde emocional e física dela. Se uma criança o tempo todo sente medo de sofrer abuso emocional ou físico, não resta energia para ela se desenvolver, só para sobreviver.

Nós, adultos, precisamos mudar nossa visão adultista de tirania sobre as crianças e desconstruir a ideia de que a repressão é válida no processo de educação. Pode até ser que isso passe a impressão de que a criança esteja se enquadrando nas expectativas dos adultos, mas saibam que o organismo e o desenvolvimento dela serão prejudicados por conta dessas práticas. A ciência é objetiva (e veremos isso a fundo no capítulo 5): não é por meio da dor que prosperamos, é por meio do amor.

A forma como tratamos (ou seja, amamos) nossas crianças influencia a forma como elas se enxergam no mundo. A dinâmica que se instala na criança é simples: "o tratamento que recebo é o tratamento que mereço. Se sou tratado bem, é isso que mereço. Se sou tratado mal, fiz por merecer".

O valor interno da criança se desenvolve a partir da maneira como os adultos cuidadores primários a enxergam, atuando, inclusive, na autoestima da criança. Sempre recebo dúvidas sobre autoestima nas crianças e como promovê-la. A verdade é que a forma como a criança pensa e se sente a respeito de si mesma é o resultado direto da forma como ela é vista e tratada pelos pais.

Então, se desejamos que uma criança cresça autoconfiante e com autoestima, a resposta é simples e, ao mesmo tempo, complicada: ame-a para além de seus comportamentos e desafios. Lembre-se: amar a criança é "fácil", é muito conveniente e confortável. Nosso amor precisa transcender os momentos difíceis na relação com elas.

Adultocentrismo

A questão é que estamos todos inseridos em uma sociedade centrada nas necessidades dos adultos. Por consequência, a educação que damos às crianças também é centrada nas expectativas dos adultos. Quando a criança tem um comportamento que gera desconforto no adulto, cometemos uma inversão de papéis: nós priorizamos e cuidamos do nosso desconforto, controlando e restringindo a criança. Embora, entre o adulto e a criança, quem tenha o cérebro maduro seja justamente o adulto, ainda assim exigimos que as crianças compreendam as nossas exigências em vez de tentarmos entender as necessidades não atendidas das crianças.

Vou usar um simples exemplo como forma de ilustrar tal fato: se uma criança pequena quer chutar bola dentro de casa e nós sentimos que essa é uma atividade inadequada para o ambiente interno, porque a bola pode acabar acertando e quebrando algo, nesse caso, então, nós queremos convencer a criança com toda a nossa vasta gama de argumentos quanto a por que ela não pode chutar bola dentro de casa no lugar de pensarmos em uma alternativa (afinal, nosso cérebro maduro serve para isso), tal qual oferecer algo macio que a criança possa usar no lugar.

É comum querermos que a criança aceite e compreenda nossos argumentos, e estamos inclusive dispostos a forçá-la a isso, por meio de castigos, porque aprendemos, nessa sociedade adultista, que é a criança (nosso filhote) quem precisa se adaptar ao adulto, e não o contrário. E tem mais: quando a criança não "aceita" nossos argumentos, nos sentimos afrontados por ela e acabamos entrando em uma disputa de poder para provar "quem é que manda aqui". A verdade é que a criança não está interessada em uma disputa de poder, ela só quer chutar a bola. A criança não quer tirar o espaço do adulto, ela quer saber onde está o espaço dela. Nesse momento, taxamos a criança de difícil, de birrenta, de "desobediente", sendo que quem realmente está sendo difícil somos nós.

    Cobramos que crianças pequenas consigam ficar quietas em uma fila — levante a mão o adulto que nunca reclamou de ficar preso no trânsito —, que não reclamem da roupa que escolhemos para elas — quantas vezes já nos olhamos no espelho e decidimos trocar a roupa uma, duas, três vezes simplesmente porque não estávamos satisfeitos — e que não chorem — mas, quando nossos melhores amigos ligam, paramos tudo o que estamos fazendo para acolhê-los. Exigimos comportamentos das crianças que, muitas vezes, nem nós mesmo temos.

É importante refletirmos a respeito do nosso tratamento em relação à criança, porque, quando lidamos com crianças com base nas expectativas adultistas, acabamos criando nelas uma sensação de insuficiência: "não sou bom o suficiente porque não soube esperar na fila, porque reclamei da roupa, porque chorei". A criança não achará que o problema está na expectativa desalinhada do adulto, ela acreditará que o problema é ela. Isso gera estresse e faz com que ela esteja constantemente na busca de um funcionamento que agrade a seus pais ou aos adultos cuidadores primários. Consegue entender como o tratamento que damos a elas se torna a forma como elas se veem?

Esse é o tipo de tratamento que queremos evitar, pois é um dos fatores que mina a construção de uma relação de segurança para com a criança. A repressão gera um estresse interminável, que influencia diretamente o desenvolvimento da saúde emocional e física dela. E, com informação embasada em mãos, podemos fazer diferente: aprender a amar (e a tratar) as crianças de forma que as fortaleça, em vez de enfraquecê-las.

Pausa para autorreflexão:

Quais são os pensamentos que surgem quando sua criança tem um comportamento diferente do esperado? E quais são as sensações físicas que você sente (por exemplo: tensão em alguma parte do corpo, aceleração dos batimentos cardíacos etc.)? Como você se sente como pai/mãe/professor diante desse comportamento?

_____

_____

_____

_____

_____

_____

_____

_____

_____

_____

_____

Quero sugerir algumas alternativas de como poderíamos lidar com as três situações citadas anteriormente (a fila, a roupa e o choro). Em contextos assim, nossa fala pode soar com algo como:

"É difícil ficar aqui na fila esperando, não é? Na verdade, eu também não gosto muito de esperar. Será que podemos pensar em uma brincadeira que dá para fazer aqui para ajudar o tempo a passar?". Ou então poderíamos nos precaver e levar pequenos brinquedos que a criança possa usar para se entreter enquanto espera.

Quando falo algo assim para a criança, a mensagem que passo para ela é a de que está tudo bem ela se sentir desconfortável ou frustrada, que a compreendo e que continuo emocionalmente disponível para ela. Não estou ameaçando me desconectar dela por ter esse tipo de comportamento. Sou um adulto que gera previsibilidade e disponibilidade emocional.

Esse tipo de interação comunica à criança que o que ela sente nos é importante, e esse tratamento, consequentemente, confirmará quanto ela é importante como pessoa.

"Parece que você não gostou nada dessa roupa, hein? Tudo bem, vamos ao seu guarda-roupa encontrar algo mais confortável para você". Mais uma vez: eu, adulto, demonstro que me importo com os sentimentos desse filhote humano. O que ele sente é tão importante quanto o que nós, adultos, sentimos. Claro que nem sempre é possível acomodar os desejos e as necessidades das crianças, mas estamos tão focados em limitar as crianças que não fazemos nem mesmo nas pequenas oportunidades que se apresentam no dia a dia.

"Amor, você está bem chateado com o que aconteceu, não é? E isso fez com que tivesse vontade de chorar. Eu entendo e estou aqui para você. Quer o meu colo para chorar tudo que precisa?" Nossas palavras expressam nossa intenção. Ao falarmos dessa forma, declaramos que continuamos nos importando com o que a criança sente e expressa. Somos um porto seguro; assim a criança pode confiar em nós, o que, por sua vez, estreita ainda mais o laço de segurança e confiança que temos.

Esses são meros exemplos para demonstrar algumas das muitas formas que podemos acolher nossas crianças, em vez de exigir que elas se adaptem a nós, pois, mais uma vez, elas ainda não têm cérebros maduros (e nós, sim). Você percebe como o tratamento aqui manifesta cuidado para com a criança? A mensagem que transmitimos é: "o seu incômodo é importante e eu o levo a sério".

Essa é a segurança que queremos transmitir para nossas crianças. Essa mensagem não gera estresse para ela, mas segurança. O mais importante não são as palavras, mas sim a criança de fato se sentir compreendida pelo adulto. Quando consigo acolher o que a criança sente, ela se sente vista, se sente levada a sério, e isso fortalece seu senso de autenticidade e de confiança no adulto.

Não estou dizendo que seja fácil esse papel de acolher as crianças. Muitas vezes entramos em uma disputa de poder entre o que a criança necessita e o que nós queremos ou temos de fazer. E, sim, haverá vezes em que não conseguiremos atender às necessidades emocionais das crianças. Contudo, quero lembrar que nosso papel não é sermos perfeitos, não é gabaritarmos a parentalidade. Nosso foco é a redução de danos, sempre.

Não se trata de conseguir todas as vezes, trata-se de conseguir o maior número de vezes possível.

Agora, uma dificuldade que às vezes temos na hora do acolhimento diz respeito a como, de fato, acolher a criança, em termos práticos. Esse é um fator que merece nossa atenção, pois, mais uma vez: a forma como eu trato a criança é a forma como ela se sente amada. E uma criança que sabe que é amada tem seu desenvolvimento impulsionado (Burke-Harris, 2019). Nessa dinâmica, saber acolher é um ponto-chave.

Há crianças que não querem contato físico no momento em que estão chateadas, por exemplo. Já outras correm para o colo de seus adultos cuidadores. Algumas não querem ouvir muitas palavras; outras pedem ao responsável que cante. Algumas pedem um espaço para que possam ficar sozinhas por um tempo, outras necessitam de proximidade. Inclusive, com o passar dos anos, é possível que mudanças ocorram na forma como elas aceitam o acolhimento.

A mesma criança que tinha um padrão de preferência de acolhimento com três anos pode não desejar esse mesmo estilo de acolhimento aos seis anos de idade (Mirabile, 2018).

Isso pode parecer difícil a princípio, mas quero propor uma reflexão que lhe ajudará a compreender melhor essa linha de comportamento. Sabe quando o seu parceiro ou melhor amigo liga e só pelo "oi" você já sabe como ele está se sentindo? É exatamente esse nível de intimidade que precisamos desenvolver com nossas crianças, para podermos saber exatamente como elas desejam ser acolhidas.

Não existe um único jeito
de acolher todas as crianças,
mas todas as crianças desejam
ser acolhidas de um jeito único.

Pausa para autorreflexão:

Você sabe identificar como gosta de ser acolhido? Você se sente à vontade para pedir acolhimento a uma pessoa de confiança?

Pausa para autorreflexão:

Como a sua criança gosta de ser acolhida? O acolhimento que ela prefere é algo difícil ou fácil de você conceder? Que sensações você tem ao acolher sua criança?

Para finalizar este capítulo, quero compartilhar uma história que me ancora principalmente nos momentos em que minhas crianças se comportam de forma desafiadora — não que elas estejam me desafiando, pois esse é um conceito adultista. Na verdade, a criança não nos desafia, porque ela não tem interesse em "conquistar" nosso lugar. Ela quer encontrar o próprio lugar para chamar de "seu". Acredito que este relato também pode lhe ajudar nesses momentos desafiadores.

Sir Gawain e a Dama Abominável

O rei Arthur estava diante de um grande desafio: ele havia cometido um crime e, para se livrar da consequência dele, precisaria encontrar a resposta para uma charada aparentemente impossível. Ele tinha um ano para descobrir a resposta e se livrar da morte pelo crime cometido.

Durante um ano, ele procurou pela resposta daquela charada, mas não a encontrava. Faltando um mês para o término do prazo, ele saiu para galopar na floresta de Inglewood. Lá, ele encontrou

Lady Ragnell, a Dama Abominável, mais feia e assustadora do que qualquer ser já vivo existente na terra. Lady Ragnell disse ao Rei Arthur que sabia a resposta da charada que salvaria sua vida e, para revelá-la, pediu em troca que ele lhe concedesse um cavaleiro com quem se casar, pediu o cavaleiro Sir Gawain em específico. O rei Arthur tinha certeza de que Sir Gawain jamais aceitaria esse pedido, mas, ao regressar ao castelo e lhe contar o ocorrido, Sir Gawain imediatamente aceitou se casar com a abominável Lady Ragnell. Assim, a dama abominável concedeu a resposta à tão difícil charada e, assim, ela e Sir Gawain se casaram. Na noite de núpcias, ao darem o primeiro beijo, repentinamente a dama abominável transformou-se na mais linda mulher que ele já havia visto. Sem entender nada, Sir Gawain pediu explicações à dama, que até então era abominável. Ela lhe explicou que estava sob uma maldição, que agora havia sido parcialmente quebrada. No entanto, ele precisaria escolher o que prefereria: que ela fosse abominável durante o dia e linda à noite, ou então linda de dia e abominável à noite.

Diante da pergunta, Sir Gawain lhe respondeu que aquela era uma escolha cruel e que, caso fosse feita por ele, só traria sofrimento à dama. Era ela quem deveria tomar a decisão. Ao dizer isso, ela lhe revelou que ele acabara de quebrar o restante do feitiço, pois abriu mão dos próprios desejos e anseios e deu a ela sua aceitação e amor incondicionais para que pudesse ser quem ela desejasse. Dando à dama a liberdade de ser si mesma conforme escolhesse, acabou libertando-a daquela maldição.

Todas as vezes em que as minhas crianças têm comportamentos considerados socialmente como "abomináveis" (sendo que, na verdade, abomináveis são as minhas expectativas adultistas sobre as atitudes delas), eu me lembro da história do Sir Gawain e da Lady Ragnell, citada anteriormente.

Nesses momentos mais desafiadores de nossa relação, eu me lembro de que é mesmo muito mais fácil e conveniente amar e demonstrar amor às nossas crianças quando elas estão "lindas", quando se comportam dentro das nossas expectativas e exigências. Mas a verdade é que esse amor condicional, ou seja, que está condicionado a um tipo de conduta, não liberta, pelo contrário, ele prende.

Isso significa que enquanto nosso tratamento for favorável à criança apenas quando ela se comportar bem, dentro das nossas expectativas, estaremos usando nosso amor como moeda de troca. Uma transação que, na verdade, sempre beneficia apenas o adulto e quem paga o preço por isso é a criança.

Pausa para autorreflexão:

Você consegue se recordar de momentos da sua infância nos quais tenha sido "abominável" e, mesmo assim, não fosse destratado por isso? Como lidavam com os seus "maus" comportamentos (que não eram maus, só eram vistos como tais pelos adultos)? Como você acha que gostaria de ter sido acolhido quando criança?

_____

_____

_____

_____

_____

_____

_____

_____

_____

_____

_____

_____

3

ACOLHIMENTO COMO LINGUAGEM DE AMOR UNIVERSAL

"O modelo essencial para o desenvolvimento emocional de uma criança, assim como o desenvolvimento saudável do cérebro, é uma relação receptiva com adultos responsivos."
— **Dr. Gabor Maté**

O acolhimento é uma dinâmica necessária e fundamental entre humanos. Ele traz alívio e nos organiza emocionalmente. Para ilustrar de forma simples o que isso significa, vou usar um exemplo de uma cena que você talvez já tenha vivenciado:

Imagine que você não tenha conseguido passar em um exame muito importante, como a prova para tirar a carteira de motorista, um vestibular ou um concurso. Você estudou muito para isso, dedicou-se muito para alcançar o objetivo de passar na prova em questão. Mas, infelizmente, na hora não conseguiu se concentrar e foi reprovado.

Você se sente desanimado, frustrado, triste, talvez até com raiva ou injustiçado pelo resultado.

Você conversa com um amigo ou uma amiga, que lhe diz: "Ah, deixe isso para lá. Nem era nada de mais. Continue estudando e, na próxima tentativa, você irá conseguir. Chorar não adianta nada, vai!". Então, você fala com outro amigo, que lhe diz: "Caramba, sinto muito por isso. Sei o quanto passar nessa prova era importante para você. Vem cá, vou te dar um abraço, pode chorar no meu ombro."

As palavras desse segundo amigo são muito mais acolhedoras do que as do outro. Enquanto o primeiro está, de certo modo, diminuindo o que você está sentindo, o segundo valida o seu sentimento e não desmerece seu desejo de passar na prova. Ele não tenta convencer você de que não deveria se sentir assim. Ao contrário, ele abre espaço para que você possa sentir tudo o que julgar necessário.

Isso é acolhimento e, se você já teve o privilégio de ter um amigo assim, então sabe o quanto alivia poder expressar toda a nossa frustração sem sentir-se julgado. Se é tão aliviante para nós, imagine para uma criança.

Pausa para autorreflexão:

Você sente que precisa ser forte o tempo todo? Sente que seu choro incomoda os outros? Ou que não deveria chorar porque há pessoas em situações piores que a sua? Pense nisso: quando um bebê nasce, ele não tem pudor de clamar por um colo. Ele chora até que um adulto o atenda e o embale nos braços. Todos nascemos assim. O que você acha que aconteceu para que hoje, talvez, não se sinta tão à vontade para pedir acolhimento de outra pessoa?

Lembra-se de como salientei anteriormente que as crianças sabem se são amadas ou não pela forma como as tratamos? Acolher os sentimentos da criança é sinônimo de amor para ela. Pois, quando é acolhida e respeitada, quando há conexão e sintonia com o adulto cuidador, a mensagem que ela recebe é: "Eu sou digna de amor, pois recebo todo esse amor independentemente de como expresso minhas emoções". Isso não é diferente para relacionamentos adultos. Não adianta uma pessoa dizer que ama você, mas não ter atitudes que expressem esse amor.

Quando a criança não recebe esse acolhimento, quando é constantemente desrespeitada, a mensagem que ela recebe é: "Como não recebo amor, não devo ser digna dele".

A questão é que nós, adultos, muitas vezes confundimos o sentimento com o comportamento das crianças e, por isso, acabamos não as acolhendo por acharmos, erroneamente, que isso "reforçará" o tal comportamento. Por exemplo, uma criança que faz "birra" por querer um pirulito no café da manhã. Na visão adultista, o que se julga dessa situação é que a criança está se jogando no chão por querer manipular os adultos a lhe darem o pirulito, como se toda a situação fosse como um cabo de guerra. Por consequência, muitos adultos, por acreditarem que é uma disputa de poder, exercem ainda mais força contra a criança, como se quisessem provar que são mais fortes e têm o poder de dominá-la. Aliás, a que ponto chegamos ao acharmos que precisamos provar para nossos filhotes que somos tão maiores e mais fortes do que eles, não é mesmo?

A verdade é que esse comportamento não é para manipular, e sim comunicar: "Estou profundamente frustrado porque quero esse pirulito agora e, por conta da minha imaturidade, não consigo compreender por que você, adulto, não me dá o que quero. E isso me deixa muito irado, pois meu desejo é intenso e não consigo me controlar!".

A criança não está tentando manipular ou chantagear. Ela está demonstrando o modo como se sente. Veja, a questão nem se refere mais ao pirulito, trata-se dos sentimentos dela. Enquanto nós olharmos para os comportamentos como um problema a ser contido, não conseguiremos enxergar o que está causando o comportamento.

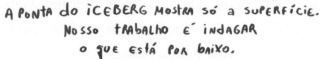

Nós precisamos entender o que está por trás do comportamento desafiador daquela criança, ou seja, tentar descobrir aquilo que o está causando. Nesse caso, é a frustração que a criança está sentindo por não ter recebido algo que ela desejava muito.

E mais: não devemos tentar interpretar esse desejo usando como base nossa visão, a nossa métrica, porque é claro que, se formos olhar para essa situação usando a perspectiva adulta, não faz sentido algum uma pessoa se jogar no chão apenas por querer um pirulito. Mas lembre-se: essa pessoa na sua frente é um filhote de humano. Ela ainda está em desenvolvimento e se comportará como tal.

Isso significa que a criança ainda não tem maturidade para conseguir compreender a importância de manter em sua rotina uma alimentação saudável, de que precisa ingerir vitaminas, minerais e outros elementos necessários para sua saúde. Essa consciência e preocupação cabem aos adultos que cuidam dessa criança, não a ela mesma.

Esse foi só um simples exemplo para explicar a diferença entre sentimento e comportamento. Precisamos observar como reagimos aos vários comportamentos desafiadores que as crianças apresentam, porque, para reforçar, a forma como as tratamos nesses momentos se traduz na forma como elas se sentem amadas ou não por nós. Isso, por sua vez, forma a autoestima dela e sua percepção sobre si no mundo.

Tratar mal e com rispidez uma criança que se comporta de forma desafiadora não a ensina a se comportar melhor, só lhe diz que não é digna de ser tratada com respeito, visto que esse não foi o tratamento que ela recebeu. Ao contrário do que podemos pensar, acolher a criança nesses momentos não reforça o comportamento, porque, na verdade, o que estamos acolhendo é a necessidade por trás do comportamento, e não o comportamento em si.

Quando acolhemos a criança, ou seja, quando a tratamos com respeito (o que se torna sinônimo de amor para ela), ela sente alívio, assim como nós sentiríamos no exemplo colocado anteriormente, ao não termos passado em uma prova que julgamos importante.

Chorar vai fazer com que passe na prova? Não. Mas vai trazer um alívio imenso e, depois disso, você conseguirá pensar com muito mais clareza a respeito de seus próximos passos. As crianças não conseguirão sentir esse alívio se você não o fornecer a elas. O seu acolhimento é que as aliviará.

Pausa para autorreflexão:

Você se lembra de como era tratado na infância quando se comportava "mal"? Como os castigos faziam você se sentir? Tente fazer essa reflexão sendo honesto consigo mesmo, sem se preocupar em proteger seus pais com pensamentos como: "Eles fizeram o melhor com o que tinham". Reflita não como o adulto que é hoje, mas como a criança que você já foi. Como a criança que você foi se sentia: amada ou insuficiente?

Quando eu era criança, sentia-me:

_____

_____

_____

_____

_____

_____

_____

_____

_____

Por que a forma que tratamos as crianças define como elas se sentem?

Retomando a ideia de a criança se sentir amada ou não de acordo com o tratamento que recebe, o motivo pelo qual essa dinâmica ocorre é por causa do egocentrismo.

Egocentrismo vem do grego (*egôn* e *kêntron*). Crianças são egocêntricas por natureza, pois acreditam que tudo o que acontece ao seu redor é causado por elas (Filliozat, 2013). É só com o amadurecimento que compreendem que essa não é, necessariamente, a realidade.

Sendo assim, quando uma criança chora e logo nota o rosto enfurecido do pai ou da mãe, ela se sentirá causadora da raiva deles. Ela conectará seu choro à expressão raivosa. E, como nenhuma criança quer perder o amor dos próprios pais, ela acaba associando seu próprio choro como sendo algo negativo, já que isso causa acessos de raiva aos seus adultos cuidadores.

Com isso, a tendência será a de ela reprimir o próprio choro a fim de não perder a conexão com o papai e a mamãe. Uma dinâmica que não é nada protetora para a criança, pois o aprendizado que começa a ficar gravado em sua mente é que ela precisa se esforçar para receber o amor de seus pais. Um amor que, embora devesse ser entregue gratuitamente, acaba se tornando uma moeda de troca para bons comportamentos.

Veja bem: quando a criança nasce, ela não vem com julgamentos predeterminados a respeito do choro, por exemplo. Ela chora porque é honesta e sem filtros e, dessa forma, expressa sua necessidade não atendida (como sono, fome, necessidade de conexão etc.) do jeito que dá conta.

Se a reação do adulto ao nosso choro for branda e acolhedora, não existe motivo para desenvolvermos a sensação de inadequação ou mesmo de vergonha ao chorarmos. Afinal de contas, só desenvolveremos essas sensações se, quando chorarmos, formos destratados por nossos pais ou adultos cuidadores primários. Tudo o que achamos ou julgamos quanto aos nossos sentimentos foi construído a partir do ambiente — composto pelos pais principalmente no início da vida e reforçado pela sociedade ao longo dos anos — no qual estamos inseridos.

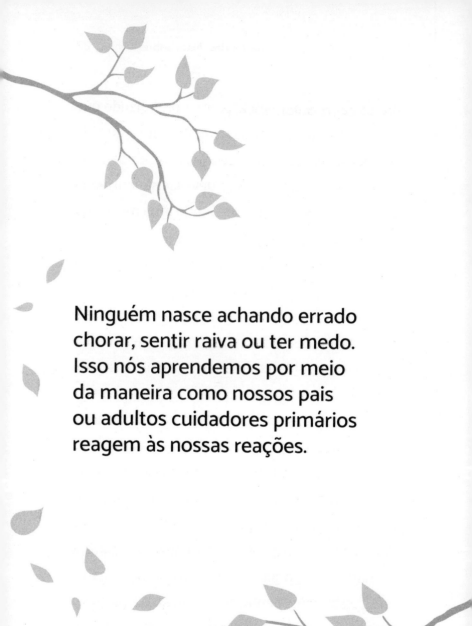

Ninguém nasce achando errado chorar, sentir raiva ou ter medo. Isso nós aprendemos por meio da maneira como nossos pais ou adultos cuidadores primários reagem às nossas reações.

Pausa para autorreflexão:

Quais julgamentos sobre suas emoções você pensa ter aprendido na infância? Como esses julgamentos atuam na sua expressão emocional hoje em dia? Você gostaria de pensar diferente sobre a maneira como se sente?

_____

_____

_____

_____

_____

_____

_____

_____

_____

_____

_____

_____

_____

Quando julgamos as manifestações emocionais das nossas crianças como más ou inadequadas, acabamos praticando o adestramento infantil, ou seja, damos "petiscos" de amor quando a criança tem o comportamento desejado, mas negamos tais "petiscos" e até a castigamos ou a ignoramos quando não se comporta da maneira que desejamos.

Isso não ensina nada à criança a não ser que ela só merece ser amada quando é ou faz algo, e não por ser quem é. Fica claro aqui como isso danifica a percepção que a criança tem de si mesma, pois ela assumirá que é má, caso manifeste determinados sentimentos, já que é tratada como tal.

Infelizmente, essa prática de "reforçar" e "ignorar" a criança foi muito difundida em programas de TV nos anos 2000 e se enraizou profundamente na educação tradicional, cujo foco é unicamente o de adaptar a criança às expectativas dos adultos. Mas elas não são animais domésticos, e adestrá-las só lhes ensinará que precisam se esforçar para manter a conexão e o amor com seus adultos cuidadores.

Um estudo feito em 2015 investigou como o ato de ignorar o comportamento de uma criança a influencia. Percebeu-se que isso pode aumentar a reatividade emocional das crianças, fazendo-as expressarem mais raiva e agressividade. A pesquisa ressalta ainda que o ato de ignorar é análogo ao de outras práticas negativas como punições (Mirabile et al., 2015). Ou seja: ignorar o comportamento da criança e não atender às suas necessidades não só não educa, como também causa danos ao desenvolvimento emocional dela. Precisamos nos distanciar dessa prática se desejamos promover um desenvolvimento emocional saudável às crianças.

Pausa para autorreflexão:

Quais "petiscos" de amor você recebia quando criança? De que maneira você precisava trabalhar pelo amor dos seus adultos cuidadores? Quais "petiscos" você busca ainda hoje na sua vida adulta?

_____

_____

_____

_____

_____

_____

_____

_____

_____

_____

_____

_____

_____

_____

Acolhimento deixa a criança mal-acostumada?

Existe uma crença enraizada na nossa sociedade que afirma ser necessário sermos duros com as crianças durante sua criação, pois a vida em si também é dura. Assim, ao sermos duros com elas desde cedo, isso supostamente as deixaria mais preparadas para a vida. Há uma resistência à ideia de ser abundante em dar colo e acolhimento, pois isso supostamente deixaria as crianças "moles". As origens dessas crenças advêm da Pedagogia Nebulosa (Rutschky, 1977), uma filosofia educacional documentada nos séculos XVIII e XIX, cuja finalidade era endurecer os filhotes de humanos para que se tornassem adultos sóbrios, irrepreensíveis e que assim garantissem um lugar no paraíso. Nesta obra, quero lhe mostrar que é o exato oposto, ou seja, as crianças precisam de muito colo e acolhimento para se desenvolverem bem.

Vamos a uma analogia: imagine que está sentindo um incômodo na sua barriga. Esse incômodo vai aumentando e se torna uma dor. Você não sabe do que se trata pois nunca havia sentido isso antes. Ao mesmo tempo, você está com a boca tampada com uma fita e suas mãos e braços estão amarrados. Você não consegue pedir ajuda por meio de palavras, nem se locomover até alguém que possa lhe ajudar. A única coisa que poderia fazer seria gritar através da fita e torcer para que alguém lhe ouça e venha ajudar. Nunca passei por algo assim, mas, só de imaginar, me parece ser uma situação assustadora, se não desesperadora.

É mais ou menos assim que se sente um bebê quando está com fome. Ainda no útero, ele não conhece a sensação de fome por estar conectado à pessoa gestante pelo cordão umbilical. Depois de nascer, essa fonte inexorável de alimento não está mais disponível e o bebê começa a se alimentar pela boca. Após algumas horas sem se alimentar, aparece um incômodo estranho na barriga e esse bebê, que não havia sentido nada assim em seus nove meses de espera no útero, está entregue a essa nova e desconfortável sensação, sem saber ainda que se trata de fome. O que o bebê faz? Chora. Grita.

Nesse caso, fica fácil a compreensão da necessidade do choro da criança e do nosso subsequente acolhimento em forma de alimento. É uma tentativa de sobrevivência. Agora, o que nós adultos precisamos compreender, também, é que as necessidades emocionais, tais como raiva ou tristeza, são tão importantes quanto as necessidades fisiológicas do bebê, como fome e sono. Nós temos a tendência de usar critérios de avaliação diferentes para cada sensação: se a criança estiver chorando por uma necessidade fisiológica, julgamos que faz sentido e então a alimentamos. Se for uma necessidade emocional, como a necessidade de conexão, julgamos que a criança está nos manipulando para ganhar colo e, por causa disso, sentimos certo bloqueio em nos abrirmos a esse pedido. Quão frágeis somos para acharmos que um ser humaninho de meses — que sejam anos — esteja nos manipulando?!

A questão é que nós, adultos, nos baseamos no nosso julgamento para acolher a criança (ou não), em vez de nos basearmos no que é adequado para a criança em si. De onde tiramos a ideia, afinal, de que amar demais seria nocivo? Nós, adultos cuidadores primários, somos o porto seguro materializado para nossas crianças. Se elas não chamarem e chorarem por nós, quem as acalentará?

A única coisa que a criança aprende quando ignoramos suas necessidades emocionais é que ela não poderá contar conosco quando a situação for difícil. A negligência emocional é tão tóxica quanto o trauma (Perry, 2022). E, provavelmente, a criança continuará procurando por um colo o resto da vida. Talvez você até seja uma delas.

Pausa para autorreflexão:

Você consegue se lembrar de momentos na sua infância, nos quais tenha sido ignorado? Se sim, como esses momentos marcaram você como pessoa? Atualmente, como se sentiria se, em um momento de abatimento e tristeza, o seu par lhe ignorasse deliberadamente?

_____

_____

_____

_____

_____

_____

_____

_____

_____

_____

_____

_____

4

A PREDETERMINAÇÃO BIOLÓGICA DO APEGO E O QUE FAZEMOS COM ISSO

"Pertencimento é biologia e
é a desconexão que destrói nossa saúde."
— Dr. Bruce Perry

Já vimos que o nosso tratamento determina a forma como a criança se sente a respeito de si mesma e sobre seu lugar no mundo. Mas também precisamos nos atentar para o fato de que ela aprende dessa forma devido ao egocentrismo. Agora, vamos compreender por que essa conexão entre pais e seus filhos é tão forte, marcante e influente, seja tanto para o aspecto positivo como para o negativo.

Há uma explicação biológica de por que as crianças buscam e necessitam do nosso acolhimento e pertencimento — nós, adultos, também buscamos, mas, na maioria das vezes, tentamos disfarçar. Isso já foi pesquisado pelo etólogo austríaco e vencedor do prêmio Nobel, Konrad Lorenz, em 1935.

Lorenz se propôs a estudar a respeito de *imprinting*, ou estampagem filial, que é a dinâmica biológica e previsível na qual um filhote assume várias características de comportamento de seu pai ou mãe. Nesse experimento observacional, ele constatou que, alguns instantes após o nascimento, os filhotes de patos e gansos instintivamente seguiam um objeto em movimento, fosse esse objeto um ser vivo de outra espécie, ou até mesmo objetos não vivos, mas que se movimentassem.

Essa estampagem filial ocorrerá, quer queiramos ou não, pois é biologicamente predeterminada. Afinal, um filhote precisa de alguém que o conduza e que cuide dele, assim as chances de sobrevivência são maiores. O conceito de *imprinting* foi alargado para a espécie humana também (GRAY, 1958), sendo que o dr. John Bowlby (1952), criador da Teoria do Apego, ressaltou a importância do apego como força evolucionista que garante uma maior chance de sobrevivência das espécies.

Esse tema foi aprofundado também no livro *Hold On To Your Kids* [Segure-se em seus filhos], que foi escrito pelos autores dr. Gordon

Neufeld e dr. Gabor Maté. Nossos filhotes humanos precisam se apegar, pois eles não têm escolha. Trate-se do processo de *imprinting*, que também está determinado biologicamente em nossa espécie.

A questão é que, para que esse processo possa respaldar o desenvolvimento saudável das crianças, nós, adultos, precisamos cuidar dessa troca canalizada pelo *imprinting* de forma amorosa, respeitosa e que promova segurança.

O "Paradigma do rosto imóvel" foi um estudo liderado pelo dr. Ed. Tronick nos anos de 1970, no qual foi percebido o quanto as crianças já nascem em busca de conexão com seus pais ou adultos cuidadores primários. O estudo revelou que bastavam poucos minutos de zero interação com a criança para provocar uma crescente angústia nela, mesmo que o adulto em questão esteja ao seu lado. A criança se empenhará em várias tentativas de chamar novamente a atenção do adulto para si e, quando isso não ocorrer, ela acabará recuando para uma expressão e uma postura de desesperança e desconcerto.

A falta de conexão da criança com os pais ou com os adultos cuidadores primários tende a gerar um profundo incômodo, evidenciando como é importante cuidarmos da qualidade da conexão com ela. É claro que haverá durante a convivência momentos de desconexão. Volto a lembrar que nosso trabalho é a redução de danos e, com essas informações em mãos, podemos conscientemente fazer escolhas que promovam a conexão e, dessa forma, a saúde das nossas crianças.

Quando conseguimos compreender que essa conexão segura é tão necessária para a saúde da nossa criança quanto comer, beber e dormir, podemos começar a mudar, ao menos, nossa mentalidade e, com isso, tomar decisões que visam à garantia dessa conexão segura e amorosa.

Precisamos, diariamente, construir uma relação de acolhimento e confiança com nossas crianças. Infelizmente, por causa do adultismo estrutural, acreditamos que é a criança quem tem de se mostrar confiável.

Mas somos nós, adultos cuidadores, que precisamos provar para nossas crianças, dia após dia, que somos dignas da confiança delas.

Ou seja, o caminho da confiança é justamente o oposto do que prega o adultismo estrutural de nossa sociedade: é dos adultos para com as crianças.

Não sou capaz de enfatizar o suficiente o quanto é importante cuidarmos dessa relação de apego seguro com nossas crianças. Como já foi explicado anteriormente, essa conexão, o *imprinting*, irá acontecer de um jeito ou de outro, quer nós adultos queiramos ou não. E as crianças estão ali, prontas e dispostas para serem correspondidas.

Elas nos esperam de braços abertos. Desejam pertencer e manifestarão claramente o desconforto da falta de conexão, pois essa é a nossa estrutura biológica.

E nós, o que vamos fazer a respeito? Usaremos esse pertencimento para servir às nossas expectativas e necessidades ou demonstraremos humildade diante dessa dádiva gratuita que nossas crianças estão nos dando e, portanto, faremos o melhor possível para retribuirmos essa generosidade?

Pausa para autorreflexão:

Com essas informações em mãos, reflita se você, quando criança, foi correspondido no processo de *imprinting*. Se sim ou se não, pondere sobre como isso reflete em você hoje em dia. Você tem facilidade em confiar em outras pessoas? Você consegue se conectar com facilidade às suas crianças?

5

A CIÊNCIA DOS FATORES PROTETIVOS

"A conexão pais-filhos é a mais potente
intervenção na saúde mental
da espécie humana."
— **Dr. Bessel Van Der Kolk**

Quando comparamos a infância dos filhotes humanos com a infância de filhotes de outras espécies, podemos notar que a nossa infância é a mais longa de todas, e tem uma razão evolucionista para isso: temos muito o que aprender a respeito do meio no qual estamos inseridos, pois, quanto mais sabemos a respeito, melhores são nossas chances de sobrevivência. Ou seja, o cérebro do filhote humano observa e guarda o máximo de informações sobre o que acontece ao seu redor, sejam essas informações positivas ou não.

Gosto de imaginar que o cérebro do bebê e da criança funciona como um organismo cheio de entradas USB, pronto para receber informação externa.

A questão é que esse cérebro não tem um filtro e, por isso, absorve absolutamente tudo, seja bom ou "menos bom".

Esse "cérebro USB" nos torna a espécie mais evoluída do planeta. Se nós nascêssemos com uma pré-programação, ou seja, poucas ou mesmo nenhuma entrada "USB" no cérebro, não precisaríamos de uma infância tão longa assim; afinal, quem seríamos no futuro já estaria prescrito e nosso cérebro e organismo não precisariam dispensar tempo para fazer o reconhecimento do meio em que vivemos, pois não seríamos tão influenciados por ele.

Fato é que não existe a possibilidade de sabermos de antemão qual adulto um recém-nascido irá se tornar, pois as variáveis do ambiente influenciam toda a sua jornada (Bowlby, 1984). Sem essa adaptabilidade, seríamos um organismo mais simples, previsível e menos flexível.

A questão de o cérebro ser tão receptivo à coleta de informações sobre o meio é um ponto-chave para pais e adultos cuidadores, pois significa que tudo o que fazemos e dizemos, todas as nossas ações, reações e interações, são registradas pela criança. E, quanto mais frequente uma dinâmica ou um comportamento específico acontecer, mais gravado ele ficará no cérebro e, assim, se tornará parte do mapa que vai nortear essa criança no mundo. É aqui que entra um dos mais importantes campos de pesquisa da psicologia do desenvolvimento: a epigenética.

Trata-se de um campo relativamente novo e está relacionado a alterações genéticas causadas pelo ambiente no qual um ser está inserido. Em outras palavras: um ser vivo, seja ele da espécie humana ou não, poderá sofrer alterações em sua genética em decorrência do ambiente em que vive. Essas alterações genéticas, por sua vez, podem se manifestar nas mais variadas formas: alterações hormonais, cognitivas, emocionais, imunológicas e físicas.

Um exemplo clássico bastante utilizado para explicar a epigenética é o caso de dois ou mais filhos, de mesmo pai ou mãe cardíaco, poderem carregar o gene relacionado à instabilidade cardíaca, mas nem todos terão esse gene ativado, porque a genética em si é só parte da origem. O que vai influenciar se será ativado ou não é a epigenética, ou seja, como o ambiente interferiu no desenvolvimento dessa pessoa, principalmente em sua infância (Gabor, 2003). O que por sua vez significa que a genética não é determinante; afinal, é a predisposição que pode ser ativada ou não, dependendo do meio.

Para a criança, o primeiro ambiente são seus pais, ou seja, os pais são o mundo inteiro da criança em seu início de vida, e apenas à medida que ela amadurece, o ambiente vai sendo ampliado para outras pessoas de seu convívio.

O que essa informação significa para nós, pais e adultos cuidadores, que convivemos com crianças? Que temos uma imensa, importante e linda responsabilidade quanto a como formamos o ambiente (ou seja, nós mesmos e nossos comportamentos) para a nossa criança. Isso influencia diretamente seu desenvolvimento em todos os níveis, seja para melhor ou mesmo para pior, dependendo de como o ambiente é e de como a tratamos.

Vamos nos aprofundar na questão da epigenética como um fator influente e protetivo no desenvolvimento emocional. Um dos estudos mais marcantes sobre a força da epigenética foi feito com mães ratas e seus filhotes (Meaney et al., 2005). E, por meio desse estudo, foram observadas as alterações comportamentais e genéticas de ratos filhotes, que foram divididos em dois grupos: um que foi criado por mães ratas que lambiam muito os filhotes, e outro no qual as mães ratas lambiam pouco os filhotes. O que foi apurado é que os filhotes que foram lambidos menos apresentavam, com o tempo, uma reatividade maior ao estresse, enquanto aqueles que foram lambidos com muito mais frequência apresentavam uma reatividade menor ao estresse.

Essa diferença não foi somente observada, mas também foi possível mensurá-la geneticamente: os filhotes que foram lambidos com menos frequência apresentavam um nível mais elevado de um gene específico (NR3C1), um gene que está diretamente relacionado ao cortisol, considerado o hormônio do estresse. Assim, os filhotes que foram lambidos com menos frequência apresentavam um comportamento mais reativo ao estresse devido ao aumento do gene que influencia a produção de cortisol, algo que não foi observado, e tampouco medido, nos filhotes que haviam sido lambidos com muito mais frequência pelas mães ratas.

Mas os resultados não se limitam a isso. Mesmo os ratos que haviam sido menos lambidos e que já apresentavam uma alteração genética, uma vez que foram colocados para serem cuidados por mães ratas que lambiam com muito mais frequência, apresentaram regressão no gene NR3C1 e, por sua vez, demonstraram um comportamento menos reativo (McGowan *et al.*, 2011). Isso significa que, mesmo que os filhotes tivessem passado por uma experiência menos afetiva, ao serem trocadas suas cuidadoras (ou seja, uma vez que o ambiente se alterou), essa mudança influenciou pontualmente a genética e o comportamento dos ratos filhotes.

Isso me faz pensar em como, mesmo que não tenhamos conseguido nos conectar profundamente com nossas crianças logo em seu início de vida, seja por falta de informação, por influência do adultismo estrutural ou por conta dos nossos próprios traumas, se nos mobilizarmos em transformar a qualidade da relação com nossas crianças, elas ainda serão beneficiadas por essa mudança. Isso graças à epigenética, ao apego e à neuroplasticidade, que é a alta adaptabilidade do nosso cérebro de se readaptar a novas circunstâncias (Duffau, 2006).

Continuando nossa análise a respeito dos estudos sobre o gene NR3C1, dessa vez em humanos, uma pesquisa de Conradt *et al.* (2019) mediu as alterações genéticas em crianças de cinco meses com base na qualidade da relação e do toque físico da figura materna e, mais uma vez, foram encontradas diferenças nos níveis desse gene. As crianças, cujas figuras maternas eram mais responsivas, apresentavam níveis mais baixos desse gene e, com isso, um comportamento menos reativo ao estresse.

Apesar de o adultismo estrutural insistir na ideia de que dar colo "demais" deixa a criança mal-acostumada, as pesquisas são claras: afeto e contato não prejudicam, ao contrário, fortalecem a saúde emocional das crianças. Além disso, uma relação de qualidade com os adultos cuidadores não só protege a criança contra o estresse, mas fortalece seu sistema imunológico (Miller *et al.* 2011).

Outro estudo que visava prever a correlação entre responsividade e a saúde de crianças encontrou variações em genes relacionados à imunidade e ao metabolismo: crianças em uma relação de maior responsividade por parte da figura cuidadora apresentavam menos instabilidade, enquanto crianças em relações menos responsivas apresentavam maiores instabilidades (Beach *et al.*, 2015).

Pausa para autorreflexão

Com essas novas informações em mãos, quais são as primeiras impressões que você tem a respeito disso? De que forma a epigenética lhe provoca reflexões sobre as suas experiências na infância, e como você acha que essas experiências influenciam você atualmente, não só em termos emocionais, mas físicos também?

_____

_____

_____

_____

_____

_____

_____

_____

_____

_____

_____

Fatores de risco

Se uma relação de amorosidade e segurança são tão essenciais para o desenvolvimento de uma criança quanto comer e beber, fica claro como a falta de uma relação assim pode deixar marcas profundas e danosas nela, como mostra, por exemplo, o estudo das Experiências Adversas na Infância.

Essa pesquisa mostra como são nocivas as consequências de um ambiente inseguro, negligente e violento para o desenvolvimento comportamental, cognitivo, emocional e físico de crianças. Um dos estudos mais importantes nessa área é o famoso ACEs (*Adverse Childhood Experiences*) de 1998 (Felitti *et al.*), que também mencionei em meu primeiro livro.

Retomando o conteúdo, as probabilidades de morte precoce, doenças respiratórias, cardíacas, hepáticas, imunológicas e hormonais são potencializadas em decorrência do ambiente no qual uma pessoa cresceu e também da qualidade da relação dos pais ou adultos cuidadores primários com ela.

Quanto mais existir experiências que promovam medo, insegurança e negligência emocional durante a infância, maior a probabilidade da manifestação de doenças na vida adulta.

Em 1989, havia mais de 500 mil crianças órfãs na Romênia, um país localizado no leste europeu que havia saído recentemente de uma ditadura. Obviamente os abrigos estavam cheios dessas crianças e não era possível para esses estabelecimentos acolhê-las de forma adequada, seja em termos alimentares, higiênicos e até mesmo emocionais.

Os cuidadores dos orfanatos se dividiram nessa tarefa infinita e praticamente impossível de cuidar dessa quantidade assustadora de crianças abandonadas e, por isso, as crianças não construíam vínculos seguros e previsíveis com os cuidadores.

Vários estudos foram feitos com grupos dessas crianças e os resultados são compatíveis com o que a epigenética nos apresenta: as crianças tinham um QI abaixo do esperado — muitas não haviam nem mesmo aprendido a andar.

Quando, posteriormente, foram realizadas tomografias dos cérebros delas, descobriu-se uma importante discrepância no tamanho: os cérebros eram menores do que deveriam ser, quando comparados com aqueles de crianças da mesma idade que cresciam em um ambiente com estabilidade familiar (Chugani *et al.*, 2001). É de se imaginar que um ser que cresce em um cenário tão precário não consiga mesmo se desenvolver adequadamente.

É claro que essa é uma situação de extrema negligência, mas pequenas doses diárias de negligência emocional na vida das nossas crianças também podem deixar marcas profundas.

Quando uma criança vive em constante medo de apanhar, de ser humilhada ou mesmo de ser castigada, ela desenvolve um estresse tóxico que também afeta o desenvolvimento emocional e do cérebro como um todo (Burke-Harris, 2019). Por conta disso, ela não consegue alcançar seu pleno potencial de vida. O ambiente se torna tóxico para seu desenvolvimento e coloca em xeque a possibilidade de uma vida saudável, o que é de suma importância em termos evolucionistas, pois para nossa sobrevivência é necessário haver qualidade de vida.

Um ambiente não saudável e que não seja pensado especificamente para a criança se transforma em um ambiente hostil para seu organismo, assim como para sua saúde mental. Nas palavras de Bowlby (1984), "[a] razão pela qual o equipamento (nosso corpo e nossa mente) prova ser tão malsucedido é que se requer dele que funcione em um meio ambiente para o qual não está adaptado".

Se o meio ambiente não considera e respeita os limites de adaptabilidade do sistema de um ser, seja ele humano ou animal, o organismo e também os comportamentos desse ser não funcionarão como esperado, a fim de lhe trazer saúde emocional e física.

A boa notícia é que "a vinculação tem o poder de contrabalançar a adversidade" (Perry, 2022). Somos capazes, dessa forma, de proteger o desenvolvimento emocional das nossas crianças e reduzir — e até prevenir — os efeitos de situações traumáticas quando construímos ativamente uma relação de amparo, confiança e conexão com elas.

A ciência é clara:
não é na dor que
prosperamos, é no amor.

CONFIANÇA-BASE

"O amor importa.
E temos a ciência para provar isso."
— **Steve Biddulph**

Todos os estudos apresentados no capítulo 5 me fazem pensar no termo *confiança-base*, utilizado pela psicoterapeuta Sue Gerhardt em seu livro *Por que o amor é importante* (2017). Ele se refere a uma certeza interna que a criança desenvolve de que o adulto a acolherá e a acompanhará nos momentos de estresse e frustração.

Essa confiança-base, desenvolvida pela certeza de que o adulto logo chegará com acolhimento, está ligada à total aceitação, por parte do adulto, de qualquer manifestação emocional da criança. Ela saberá que é amada e aceita, seja qual for seu comportamento, o que faz com que saiba que seus adultos cuidadores estarão disponíveis para ela.

E como é desenvolvida essa confiança-base? Imaginemos um recém-nascido que chora porque está com fome. Nesse momento, ele está em um estado de intenso estresse, afinal ainda não sabe o que significa essa dor na barriga, nem como solucionar essa sensação incômoda. Quando esse bebê é prontamente atendido, e, portanto, sua necessidade de alimentação é satisfeita, ele entra em um estado de relaxamento. Se os adultos cuidadores tiverem esse mesmo comportamento sempre, ou na maioria das vezes, o bebê, conforme for amadurecendo, não precisará expressar suas necessidades de forma exacerbada, pois sabe que o alívio logo vem, promovido por seus adultos cuidadores.

Assim, esse pequeno ser humano aprende, por meio dessa repetição de comportamentos de seus adultos cuidadores atentos, que, embora esteja sentindo esse desconforto, logo virá o socorro. Cria-se, então, uma previsibilidade, uma segurança, uma confiança-base de que não está sozinho e de que o cuidado sempre (ou quase sempre) vem.

Isso vai totalmente contra a crença popular de que é preciso deixar um bebê ou uma criança chorando com a motivação de que isso a tornaria "mais forte". É exatamente o contrário.

A saúde de uma criança que não recebe acolhimento tem uma probabilidade maior de ser debilitada. O aprendizado que fica para a criança que acaba desistindo de chorar é que ela não tem com quem contar.

Pausa para autorreflexão:

Você sente que desenvolveu essa confiança-base nos seus cuidadores quando criança? Havia a certeza de que podia contar com o amparo deles o tempo todo ou, pelo menos, na maioria das vezes, ou você se via sozinho para lidar com seus sentimentos? Como se sente atualmente em relação a essa confiança-base e às crianças na sua vida? Você se vê construindo-a ou sente que é um desafio? Se sim, pense um pouco sobre o porquê de isso lhe ser um desafio.

As crianças precisam ter essa confiança-base, e ela só será desenvolvida se os adultos cuidadores lhes provarem, repetidamente, que irão acolher suas necessidades. O que a epigenética vem demonstrando é que essa confiança-base construída com nossas crianças, além de ser fundamental, é capaz de influenciar diretamente na composição genética das nossas crianças, interferindo em sua saúde emocional e física, conforme vimos nos estudos do capítulo 5.

Quão potente é essa informação, pois, assim, percebemos que temos em nossas mãos a possibilidade de promover, literalmente, mais saúde para nossas crianças. Claro que isso não será necessariamente fácil, mas confesso que sempre sinto alívio quando descubro caminhos capazes de proporcionar saúde e de nos ajudar a reduzir os danos dos nossos próprios traumas em nossas crianças.

Desse modo, desenvolver essa confiança-base na criança é tão importante quanto lhe fornecer comida e bebida: são todos formas de alimento, uns físicos e outros emocionais.

Nós podemos, com essas informações em mãos, começar a mudar e providenciar para nossas crianças um hábitat emocionalmente mais saudável e que promova essa confiança-base. Levando em consideração que na nossa sociedade essa ainda não é uma ideia generalizada, trata-se de uma pequena revolução que promoveremos em nossa vida e na vida das nossas crianças. Uma revolução que reduz os danos da educação tradicional — que prega a necessidade de ser duro no cuidado com as crianças, que "maus comportamentos" são resolvidos com chineladas e que muito colo deixa a criança mal-acostumada. Uma pequena revolução que significará, para nossos filhos, um futuro mais saudável em termos emocionais, físicos e cognitivos.

Lembra-se de quando escrevi anteriormente que nossas crianças se sentirão amadas dependendo de como as tratamos? Por meio dessas pesquisas, percebemos que isso é ainda mais profundo: não só se sentirão mais amadas, mas seu desenvolvimento emocional, físico e cognitivo também será afetado por isso.

A forma como tratamos nossas crianças as influencia nos mais variados níveis visíveis e invisíveis, físicos e emocionais.

E SE...

"Educar crianças não é sobre técnicas.
É sobre relacionamento."
— **Dr. Gabor Maté**

Este capítulo tem como objetivo sanar algumas das dúvidas mais frequentes que recebo quando falo de Educação Positiva e seus benefícios. Justamente por se tratar de uma nova forma de se relacionar com as crianças — embora não seja tão nova assim —, compreendo que surjam muitas inseguranças. Espero ser capaz de aliviar algumas delas com as respostas que darei para os questionamentos a seguir.

E se... eu for o único adulto cuidador a querer me relacionar respeitosamente com a criança, vai adiantar?

Em um mundo ideal, toda a sociedade seria centrada nas necessidades dos mais vulneráveis, dentre eles as crianças. Sendo assim, os pais estudariam sobre Educação Positiva antes mesmo de se tornarem pais. As faculdades preparariam todos os profissionais que lidam com crianças a realmente as respeitarem, e não os ensinariam a servir ao adultismo estrutural. Da mesma forma, as políticas públicas apoiariam mais as famílias, jamais exigindo, por exemplo, que uma mãe tenha que voltar a trabalhar quatro meses após dar à luz, e um pai, três dias após o nascimento de seu filho.

Tudo seria pensado em reduzir as experiências adversas para que um ser pudesse crescer no ambiente mais saudável possível, visto que levaríamos a sério as pesquisas na área de epigenética.

Entretanto, essa é uma ilusão, então focaremos na redução de danos. E você, que é um adulto cuidador consciente sobre os benefícios do apego e dos efeitos nocivos das experiências adversas, pode ser o amortecedor emocional para essa criança, que cresce inserida em uma sociedade adultista.

Você, com a sua interação amorosa e respeitosa, com a qualidade da relação que constrói com essa criança, pode blindá-la e reduzir os efeitos do trauma.

Não acredito que seja possível criar uma criança sem trauma algum, mas certamente posso afirmar, com base em todos os estudos mencionados aqui, que temos uma inominável influência sobre a redução de traumas. Podemos, dependendo do nosso grau de consciência, amortecer ou piorar.

Confio que, se você chegou até aqui, já está em um processo de desconstrução e disposto a reduzir os danos. Pois, mais uma vez, relembro que não se trata de perfeição, e sim de redução de danos, sempre.

É importante ressaltar também que a busca pela ilusão da sociedade perfeita, da mãe ou pai perfeitos para os filhos, vem da educação tradicional, que não permite erros. Às vezes, a criança educada no autoritarismo, que não tinha a permissão de errar, ainda habita em nós, e continuamos achando que só bastamos quando somos perfeitos.

Avise amorosamente sua criança interior que agora você é um adulto e que ninguém vai mais lhe colocar no cantinho do pensamento ou dar chineladas quando você cometer erros. Comunique a si mesmo que agora vocês (sua criança interna e você) estão seguros e que os erros fazem parte do processo. Nem sempre conseguiremos acreditar nessa nova verdade, mas é um passinho de cada vez para conquistar nosso espaço, nossa sensação de segurança. Quanto mais conscientes formos a respeito desse nosso processo, mais compassivos poderemos ser conosco.

E se... for tarde demais?

Você se lembra da pesquisa com as mães ratas e os filhotes? De como, mesmo depois que a própria genética dos filhotes havia sido modificada devido à falta de lambidas (ou seja, de cuidado), assim que eles eram trocados de mãe e recebiam mais lambidas, a genética era alterada novamente, reduzindo os níveis de estresse desses filhotes? Fique tranquilo: você não precisa ser substituído por outro adulto cuidador, como fizeram no experimento dos ratinhos. O que precisa mudar é a forma como você se relaciona com a sua criança.

Uma vez que o ambiente da criança muda, ela muda também. E o ambiente das crianças resume-se, principalmente, a nós. Então, lembre-se: sempre há tempo.

É claro que pode ser mais desafiador reconstruir uma relação machucada uma vez que a criança seja maior. Esse foi o meu caso também, pois só fui conhecer a Educação Positiva depois de ser mãe. Então, precisaremos nos empenhar mais.

Não está tudo determinado, não está escrito em pedras. Sempre há tempo de reconstruir relações. Não desista da relação com a sua criança (ou adolescente).

Precisaremos levar em conta tudo o que demos para nossas crianças até então. Precisaremos lembrar que, por algum ou muito tempo, não criamos o ambiente de confiança e conexão que as crianças precisavam. E podemos fazer isso agora.

E se... não sou mãe nem pai de uma criança, mas estou envolvido nos cuidados dela, e os pais dela não se relacionam respeitosamente com ela?

Assim como no primeiro "E se...", precisamos ter em mente que todo adulto consciente acerca dos efeitos da educação violenta, assim como da Educação Positiva, pode se tornar um amortecedor emocional e ajudar na blindagem contra traumas. Toda redução de danos é importante e necessária. Toda interação respeitosa que você terá com essa criança será benéfica.

É claro que a relação dos pais com a criança é a mais influenciadora, mas lembre-se de que, quando estamos trabalhando na redução de danos, toda e qualquer interação respeitosa promove alívio para a criança.

NESSA CENA, É POSSÍVEL VER UM ADULTO PROMOVENDO SEGURANÇA E QUALIDADE DE VIDA PARA UMA CRIANÇA.

Há vários momentos de alívio e redutores de danos que pode promover para essa criança, tais como brincar intencionalmente com ela, acolhê-la quando chorar, não julgar seus sentimentos.

Além disso, você pode promover alívio para essa criança cuidando, de alguma forma, de seus pais. Sendo um ombro amigo, abrindo espaço para esses adultos desabafarem, ouvindo suas queixas sem julgar. Esse tipo de conexão pode trazer um relaxamento para os pais, que, por sua vez, também estarão mais relaxados no tratar de seus filhos.

E se... ainda erro tanto e sinto que não consigo fazer o suficiente?

Quando escolhemos mudar a rota e optamos por seguir o caminho da Educação Positiva, nos deparamos com muitos obstáculos, desde o próprio adultismo estrutural, e parentes próximos que nos criticam, até nossos próprios traumas. Quero que você se lembre de que mudar isso não é uma coisa pequena, muito pelo contrário. É uma mudança intensa, profunda e significante. Uma mudança que mexerá no mais profundo das nossas dores.

A maior parte da mudança acontecerá em nós e, obviamente, não ocorrerá da noite para o dia. Lembre-se de que não se trata de perfeição, trata-se de reduzir os danos, e isso podemos fazer todos os dias de pouquinho em pouquinho. Continue estudando sobre Educação Positiva, invista em terapia, se possível, e encontre um grupo de pessoas que tem os mesmos valores educacionais que você, mesmo que seja um grupo virtual. Encontrar um grupo ao qual pertencer é profundamente fortalecedor e pode ser muito terapêutico também.

E se... agora percebi que muitas coisas que eu achava "normais" na minha infância eram, na verdade, uma violência?

Assim como escrevi no meu primeiro livro, uma vez que entramos em contato com a Educação Respeitosa e nossos olhos são verdadeiramente abertos às violências que praticamos diariamente com nossas crianças, seja de forma consciente ou não, nós não conseguiremos mais deixar de perceber essas violências.

Você agora começou a enxergar as coisas por uma ótica mais realista e verdadeira, e se conscientizar é o primeiro passo. Indico que procure um terapeuta familiarizado com a ciência do trauma que seja *parcial* (e não imparcial) com o que você sente.

Reconhecer que nossa infância não foi tão respeitosa quanto imaginávamos pode invocar os mais variados sentimentos. E vale destacar que cada um desses sentimentos, sejam eles quais forem, são válidos.

Pausa para autorreflexão:

Como você se sente agora, com as informações que tem em mãos a respeito do poder do apego e da Educação Positiva? Encorajado? Frustrado? O que essas informações revelaram sobre a sua própria infância?

RELATOS PESSOAIS

"Quando uma criança precisa constantemente verificar com seus pais se está tudo bem se sentir de algum jeito, ela acaba perdendo sua própria autenticidade."
— **Dra. Shefali Tsabary**

Sempre faço questão de dizer que não acredito em ferramentas, passo a passo, estilo receita de bolo, na hora de educar nossas crianças. Afinal, não existe ninguém igual a você, nem ninguém igual à sua criança. Por isso, acredito em conexão, em uma relação de qualidade e em honestidade emocional.

Ao mesmo tempo sei que, para quem está no comecinho da transição da educação adultista para a Educação Positiva, às vezes é difícil compreender, em termos práticos, o que realmente pode ser feito diante de comportamentos desafiadores.

Então, para que você se sinta um pouco mais amparado nesses momentos, vou compartilhar aqui alguns relatos pessoais que poderão lhe ajudar a vislumbrar novas possibilidades do que pode ser feito. Esses relatos não significam que só há a forma que compartilho aqui de lidar com situações desafiadores, mas são uma maneira de abrir a mente para buscar alternativas. No meu Instagram, chamo esses relatos carinhosamente de "causos".

Todos os relatos são meus, mas preferi preservar meus filhos, não expondo com qual deles cada situação ocorreu. Então, em vez de dar nome, chamarei meus filhos de "a criança".

Mamãe Maya é uma chata

Já estava anoitecendo. Morávamos em um pequeno condomínio fechado e era seguro que minhas crianças brincassem na rua, mas havíamos um combinado de que elas precisariam voltar para casa antes que escurecesse. Precisei sair de casa para procurar a minha criança que até então ainda não havia regressado, apesar de já estar escuro.

Antes de continuar este relato, quero registrar um ponto importante: não é porque combinamos algo com nossos filhos que isso é garantia de que eles consigam cumprir. Justamente por sabermos que eles são seres humanos em desenvolvimento, precisamos nos lembrar de que é normal eles perderem a noção de tempo, como no caso desse relato.

Quando digo que fui chamar a minha criança para voltar para casa, não é de um lugar autoritário: "Vou lá dar uma bronca na minha criança, porque ela não 'cumpriu' o que havíamos combinado e foi irresponsável". Pelo contrário, é de um lugar de compreensão de que isso vai mesmo acontecer, e que, por eu ser a adulta com cérebro maduro, sou eu quem precisa lembrar e buscar a criança. Não é uma imposição, é uma construção. Agora, continuando a história...

Ao encontrar minha criança, vi que estava entretida brincando com outras crianças. Cheguei mais perto e lhe disse que, como estava escuro, já era hora de voltar para casa. Essa minha criança pegou seu patinete, passou por mim em um rasante e falou em alto e bom som: "Você é uma chata!".

Se fiquei com raiva diante do comportamento da minha criança naquela situação? Certamente. Eu, a mãe toda trabalhada na Educação Positiva, sendo chamada de chata no meio da rua pela minha própria criança? Pois bem. A minha criança chegou mais rápido que eu em casa, pois estava com o patinete, o que me deu tempo de respirar e me acalmar enquanto fazia o caminho de volta.

Chegando lá, a minha criança já estava tomando banho, preparando-se para dormir em seguida. Ela saiu do banho visivelmente calma, como se não tivesse acontecido nada. Quando fui colocá-la na cama para dormir, perguntei: "Parece que você não gostou nada de eu ter ido chamar você para voltar para casa aquela hora, né?" "Eu queria continuar brincando, mãe." "Sim, imagino. Brincar é tudo de bom. Ainda mais com outras crianças. Entendo por que você sentiu raiva. Até me chamou de chata, de tanta frustração que sentiu naquele momento, não foi?" "Eu estava sentindo muita raiva mesmo." "Entendo. Tudo bem sentir essa raiva. E tudo bem você me dizer que está com raiva. Gostaria de pedir que, em vez de me chamar de chata, você me dissesse algo como: 'Estou com raiva de você me chamar pra ir embora'. Sabe, eu me importo com o que você sente. Só quero mostrar para você que existem outras formas respeitosas para expressar isso para mim." "É, você não é mesmo chata. Eu estava com raiva mesmo, por isso falei dessa forma." "Eu sei, amor.".

O título do meu primeiro livro é *A raiva não educa. A calma educa*, e esse meu relato pessoal expressa justamente isso. Quando sinto raiva, é muito difícil conseguir ser respeitosa com quem quer que seja. Da mesma forma, no momento em que minha criança está com raiva, ela não estará disposta a me ouvir.

É na hora da calma que conseguimos nos reconectar. É na hora da calma que somos capazes de raciocinar, explicar, pensar em outras alternativas. Sentir raiva é normal e, inclusive, é legítimo. Como já escrevi anteriormente, é fácil e confortável tratar bem nossos filhos só quando eles são "bonzinhos".

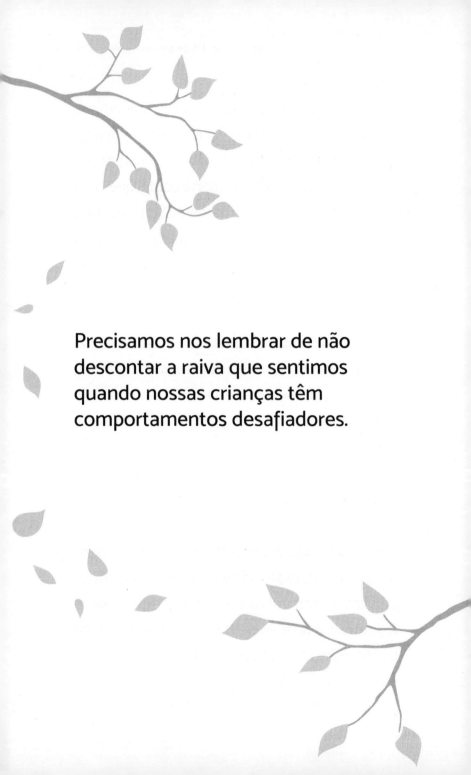

Precisamos nos lembrar de não descontar a raiva que sentimos quando nossas crianças têm comportamentos desafiadores.

Pausa para autorreflexão:

O que a raiva da sua criança causa em você? O que você sente vontade de fazer quando ela expressa raiva? O que essas sensações lhe dizem a respeito de como a sua raiva era tratada na infância? Quais sentimentos você associa à raiva (exemplo: medo, vergonha etc.)?

_____

_____

_____

_____

_____

_____

_____

_____

_____

_____

_____

_____

A flexibilidade é um superpoder!

Havíamos combinado de ir tomar café da manhã e depois brincar em um parquinho. Minhas crianças são livres para escolher o que querem vestir e, nesse dia, uma delas escolheu uma roupa que eu queria muito manter sem manchas de terra, afinal havia acabado de comprar.

Então, decidi falar a respeito disso com ela: "Amor, você pode escolher o que você quiser vestir. Eu gostaria de pedir que hoje escolhesse uma roupa que possa sujar à vontade, porque essa roupa que escolheu, eu gostaria que mantivéssemos sem manchas de terra para usar muitas vezes ainda." "Mas, mamãe, eu quero usar essa." "Tá, então que tal a gente levar uma outra roupa pra você vestir depois do café da manhã na padaria? Você usa essa roupa agora, e depois, no carro mesmo, trocamos para a roupa que pode sujar à vontade?" "Pode ser.".

E assim fizemos. Após o café da manhã, tiramos a roupa dentro do carro e trocamos por uma que ela podia sujar bastante. Esse acontecimento sempre me lembra de como precisamos ser flexíveis e criativos na relação com nossas crianças. Quando criamos uma relação de confiança-base (lembre-se do capítulo 6), a criança tende a ser mais colaborativa porque já provamos que, de fato, nos importamos com o que ela sente e deseja, e levamos isso a sério. Assim, a criança também consegue ser mais flexível conosco.

Talvez esse relato lhe faça pensar em vários empecilhos: "E se a criança não tivesse aceitado a sugestão que dei?"; "E se ela tivesse mudado de ideia no carro, e não quisesse trocar a roupa antes de brincar?"; "E se você nem tivesse colocado essa roupa no armário para a criança escolher?"; "E se..."

Em todos os casos acima, eu precisaria ter pensado em outras alternativas. Cada situação é única, e cada dia é diferente.

Por isso, enfatizo como é importante se concentrar na relação, e não em ferramentas e passo a passos prontos. Porque, no primeiro empecilho que encontrarmos, pensaremos que a "ferramenta" não deu certo ou que é a criança que é muito difícil.

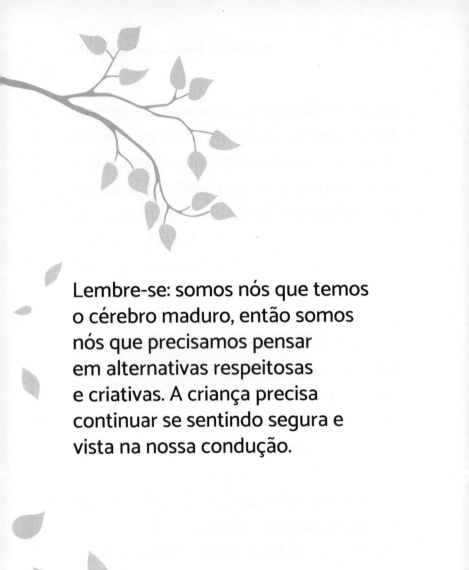

Lembre-se: somos nós que temos o cérebro maduro, então somos nós que precisamos pensar em alternativas respeitosas e criativas. A criança precisa continuar se sentindo segura e vista na nossa condução.

Um dos grandes fatores dificultadores para conseguirmos ser pessoas mais flexíveis é a sensação de que estamos sendo permissivos com a nossa criança. "Se eu ceder a isso que ela está pedindo, vai achar que pode ter tudo sempre do seu jeito."

Conseguem perceber como esse tipo de mentalidade vem de uma escassez? Como se fosse errado desejar que as coisas funcionem do nosso jeito?

É claro que não é possível ser dessa maneira, afinal todos nós estamos inseridos em uma sociedade, e, por essa razão, a todo momento nossos comportamentos e atitudes esbarram em limites e regras predeterminadas.

A questão é que a criança naturalmente irá aprender isso com o passar do tempo, inclusive enquanto brinca com outras crianças. Isso significa que esse aprendizado não precisa ser imposto por nós, adultos cuidadores, ainda durante a infância.

Aliás, não é tão mais fácil lidar com adultos que são criativos e flexíveis, do que com aqueles que têm postura rígida e com pensamentos irredutíveis?

Por falar nisso, se nós desejamos que nossos filhos sejam capazes de dialogar e negociar quando se tornarem adultos, precisamos promover, ainda na infância, um ambiente no qual eles se sintam à vontade para exercer tais comportamentos, mesmo que nem sempre seja possível assegurar o desejo deles.

Pausa para autorreflexão:

Como você se sente quando a sua criança se reafirma e se posiciona contra as suas sugestões? Quais são os pensamentos que lhe vêm à mente nesses momentos? Havia abertura para você ter posicionamentos diferentes dos seus pais quando criança?

_____

_____

_____

_____

_____

_____

_____

_____

_____

_____

_____

_____

O colo cura

Minha criança estava com três anos e precisava tomar uma vacina. Chegamos ao posto de atendimento e ela já estava bastante angustiada com a ideia de tomar uma agulhada. A enfermeira do posto, ao perceber isso, começou a proferir algumas frases desencorajadoras, tais como: "Mas você já é uma criança grande, não tem mais idade para chorar".

Enquanto a enfermeira falava, olhei nos olhos da minha criança e lhe disse: "Amor, você sabe que pode chorar quando e quanto quiser. Está tudo bem sentir medo do tomar vacina, eu também não gosto de agulhas. Mas saiba que estou aqui com você".

Minha criança tomou a vacina e ficou sentada no meu colo, no meu abraço, chorando tudo aquilo que precisava chorar. Enquanto isso, eu continuava acolhendo-a em sua manifestação emocional.

A enfermeira que nos atendeu cessou os comentários uma vez que me posicionei a favor da minha criança.

Como ainda estamos inseridos em uma sociedade adultista, é normal passarmos por situações nas quais os adultos ao nosso redor tendem a menosprezar os sentimentos das nossas crianças. Nesses momentos, precisamos nos lembrar que quem realmente precisa do nosso olhar são as crianças, não os adultos.

Isso significa que o outro adulto não precisa aprovar nossa escolha de nos relacionarmos respeitosamente com a nossa criança, mas a criança, sim, precisa ter a certeza de que nós compreendemos e acolhemos todos os seus sentimentos.

Sei que para muitos de nós, que crescemos crianças obedientes, é difícil conseguir impor limites às pessoas a nossa volta. Temos a tendência a nos sentir inadequados, como se estivéssemos cometendo um erro. E no início pode, sim, ser difícil impor limites em adultos. "Ah, melhor eu nem falar nada para não gerar constrangimento."

Mas lembre-se de que, apesar de ser difícil, enquanto não sou capaz de me tornar o porta-

-voz da minha criança, a pessoa responsável por defendê-la, impondo tais limites em adultos quando se fazem necessários, esses adultos estarão constrangendo minha criança. A criança não tem para onde correr e não conseguirá se posicionar por si só. É você quem precisa fazer isso por ela.

Pode ser que, depois de ter colocado esse limite em um adulto que está sendo desrespeitoso, você continue se sentindo mal, quase que como se estivesse de ressaca. Isso é normal, pois você cresceu aprendendo que impor limites a outra pessoa dói.

Quando você ainda era uma criança e discordava de algo ou de alguém, talvez acabasse sendo repreendido, constrangido ou mesmo passando por algo pior. Por isso, sua conotação com limites pode estar um tanto quanto deturpada, dando-lhe a sensação de que seja algo errado a se fazer. Mas, acredite, não é, e aprender a impor esses limites de forma saudável com outros adultos também pode ser um processo de cura para a sua criança interior.

Pausa para autorreflexão:

Você consegue se posicionar a favor da sua criança quando há outros adultos lhe julgando? Quais inseguranças ou medos você sente quando pensa em impor limites em outro adulto? Você sentia que seus limites pessoais eram respeitados quando era criança?

Birra colossal

Estávamos em uma loja para comprar sapatos novos. Minha criança provou dois tamanhos diferentes de sapato: um mais certinho e outro um pouco maior. Ela me pediu que comprássemos o mais apertadinho. Expliquei à minha criança que compraríamos o calçado um número maior, porque ela iria usá-lo com meia, e o calçado mais apertado não caberia no pé se ela estivesse usando a meia.

O ideal seria que minha criança pudesse, de fato, experimentar o calçado com a meia para que conseguisse realmente sentir a diferença, pois só explicar esse ponto deixou tudo muito abstrato para ela entender devido à idade que tinha na época (cinco anos), mas, nesse dia, ela não a estava usando.

Minha criança ficou profundamente frustrada com a situação e começou a querer me chutar dentro da loja. Rapidamente finalizei o pagamento, peguei minha criança no colo, que estava furiosa comigo, e a levei para um cantinho mais reservado no shopping, em um corredor que dava para a saída de emergência. Ali poderia me concentrar totalmente nela, sem me preocupar com o julgamento e olhares alheios, pois esse pode ser um dos principais motivos que dificulta que estejamos cem por cento disponíveis para a criança.

Minha criança continuou tentando me chutar e bater, comportamento esse que ela nunca havia demonstrado antes. Percebia como ela estava brava comigo por termos comprado o calçado maior.

Hoje, repensando nessa cena, acredito que o comportamento não tenha sido provocado pelo calçado em si, mas aquilo serviu como válvula de escape para que ela colocasse para fora sentimentos indigestos acumulados. A verdade é que até hoje não sei o exato motivo pelo qual ela ficou tão frustrada: se estava com sono, se era porque as aulas voltariam em breve após um longo período de férias ou outra coisa que eu não consegui identificar.

Serei honesta, naquele momento, pensei em mil e uma coisas:

- "que vergonha. Minha criança querendo bater em mim. E se alguém vir o que está acontecendo?"
- "que raiva de ela estar batendo em mim! Não é justo. Ela sabe que não deve fazer algo assim."
- "não estou conseguindo me conectar com ela. Ela está ficando mais brava!"
- "preciso acolher a minha criança. Não vou ceder à vontade de controlar o que ela está sentindo."
- "essa é a situação mais difícil pela qual já passei como mãe."
- "que vontade de chorar!"
- "minha criança precisa saber que estou aqui para ela para o que der e vier, porque é muito fácil amá-la só quando se comporta dentro das minhas expectativas."

Todos esses pensamentos pulsavam em meu cérebro na velocidade da luz, todos juntos, ao mesmo tempo. Eu sentia uma mistura de compaixão e raiva, e se não fossem meus aprendizados sobre desenvolvimento infantil e Educação Positiva, eu teria descontado a raiva na minha criança.

A única coisa que poderia fazer naquele momento de explosão da minha criança era lhe dizer que podia sentir raiva, que eu entendia o seu sentimento e que não poderia deixar que ela me machucasse. Sabia que, em situações como aquela, não adiantava falar, explicar, argumentar, dissertar, acusar. Isso seria como jogar gasolina na fogueira.

Ela precisava colocar tudo para fora primeiro para depois voltar, aos poucos, à calma. E o meu papel era simplesmente ser seu porto seguro no meio da tempestade que ela vivia.

Em um dado momento, ela se sentou, de costas pra mim, e me disse: "Não converse comigo". Então, soube que ela havia saído do olho do furacão e, embora ainda estivesse chateada, já conseguia acessar algumas partes do cérebro menos primitivas e mais racionais.

Continuei disponível para ela, aguardando até que se sentisse pronta para conseguir se reconectar comigo, o que levou alguns bons minutos. Enquanto esse tempo passava, eu me emocionei com a sensação de ter conseguido me manter acolhedora e respeitosa para com ela. Eu me orgulhei de ter conseguido oferecer essa segurança a ela, mesmo que algumas partes de mim quisessem descontar a raiva. Eu me comovi com o fato de que havia aprendido a amar os lados fáceis e difíceis da minha criança.

Não são todas as vezes que consigo me manter centrada e disponível dessa forma para minhas crianças. Hoje em dia, consigo bem mais do que no comecinho, quando ainda estava conhecendo a Educação Positiva. Sempre me recordo de que a meta não é gabaritar todas as vezes, e sim reduzir os danos. Nessa situação, pude amar a "dama abominável" em sua beleza e feiura, figurativamente falando.

Eu poderia ter comprado o sapato mais apertado? Ou esperado para comprar em outro momento? Poderia. Mas essa não foi a realidade do que ocorreu. Aconteceu o que aconteceu, e dentro da realidade do momento fiz o que precisei fazer. Esse é o ponto principal desse relato. Nenhuma estratégia, ferramenta, guia, passo a passo teria conseguido me guiar por essa turbulência. Somente minha conexão com ela me guiou.

Não havia ali um caminho certo a ser percorrido, porque nem eu mesma sabia qual era esse caminho. Minha criança havia apresentado, pela primeira vez, um comportamento que até então eu não tinha presenciado antes. Só meu profundo desejo de me manter disponível para ela, independentemente de como ela estava se comportando, foi o que manteve meus pés firmes e ancorados.

Percebam: a agressividade da minha criança nessa cena nada mais era do que uma profunda frustração. A agressividade é um comportamento funcional, ela tem uma finalidade. Se eu tivesse me mantido na superficialidade e no moralismo adultista, com raciocínios como: "Que absurdo essa criança bater em mim. Sou a mãe dela" ou "Tenho que mostrar quem manda aqui", então estaria obrigando a minha criança a se subjugar às minhas expectativas e não estaria enxergando qual era a real necessidade por trás daquele comportamento. Eu a calaria com meu abuso de poder.

De nada adiantaria dar uma lição de moral, dizendo que é "feio bater", porque o que movia essa agressividade era demonstrar o que ela sentia. E, se eu reprimo a criança que se comporta assim, também estou reprimindo o que ela está sentindo. O que a criança aprende é: só posso mostrar algumas das coisas que sinto para minha mãe, as outras tenho que engolir e esconder. E, pelo menos eu, não quero isso.

Desejo que minha criança possa ser sempre realmente autêntica comigo, que não precise esconder o que sente, mesmo que demonstre de formas intensas.

Meu desejo é que cada um de nós possa, por meio da Educação Positiva, ser cada vez mais porto seguro para as nossas crianças, blindando-as do senso comum, que diz que elas não podem se comportar "mal", salvando-as da nossa própria retaliação.

Pausa para autorreflexão:

Você já foi, alguma vez, total e absolutamente acolhido em meio a uma explosão emocional? Se não, como isso faz com que se sinta hoje? Como isso fez você se sentir quando criança? Como você gostaria que a sua criança se sentisse em relação a você e ao seu acolhimento?

CONCLUSÃO

"A raiva não educa. A calma educa."
— **Maya Eigenmann**

A Educação Positiva não é um luxo ou um "life style". É uma necessidade básica para todas as crianças, tão importante quanto uma boa alimentação. A ciência é clara quanto a isso, mas não muda o fato de que seja difícil promovê-la para nossas crianças, em especial considerando que também não a recebemos em nossa infância. Além disso, muitos julgarão você por querer educar sua criança de modo respeitoso. O adultismo estrutural nos impede de enxergar como a sociedade ainda é violenta com crianças. Mas a ciência está ao lado do afeto, e é clara: não existe colo demais, não existe amor demais, não existe afeto demais. Nossa espécie prospera no amor, não na dor.

Nesses momentos, nos quais você talvez se sinta sozinho nessa tentativa de educar respeitosamente, convido-lhe a voltar aqui e a se lembrar de que, mais importante do que o julgamento da sociedade adultista, é a sua criança, que olha para você, pronta para receber o seu afeto e estabelecer uma conexão.

Alguns dias serão mais difíceis do que outros. Nos difíceis, lembre-se de ser gentil consigo mesmo, porque quebrar o ciclo da educação adultista e violenta é, sim, revolucionário. Espero, de coração, que você consiga ser amoroso consigo mesmo nesse processo.

Olha que bonito o que você está fazendo! Permita-se ver os frutos da redução de danos que você está provocando na vida da sua criança, e também na sua própria vida. Perceba que, enquanto aprende a acolher de verdade a sua criança, você também acaba curando um pouco a sua criança interior. Que privilégio o nosso de podermos viver isso.

Lembre-se: um passinho de cada vez. Um dia de cada vez, a gente chega lá.

Com amor, Maya.

Bibliografia

BEACH, Steven R.H. et al. Higher levels of protective parenting are associated with better young adult health: exploration of mediation through epigenetic influences on pro-inflammatory processes. *Front Psychol.* 2015;6:676

BOWLBY, John. (1950). *Maternal Care and Mental Health.* Col: The master work series. 2 ed. Northvale, NJ; London: Jason Aronson. [Geneva,World Health Organization, Monograph series no. 3]

BOWLBY, John. *Apego, a natureza do vínculo.* Martins Fontes, 1984.

CONRADT, Elisabeth; OSTLUND, Brendan.; GUERIN, Dylan; et al. DNA methylation of NR3C1 in infancy: Associations between maternal caregiving and infant sex. *Infant Mental Health* J. 2019; 40(4):513-522.

CHUGANI H.T; et.al. Local brain functional activity following early deprivation: a study of postinstitutionalized Romanian orphans. *Neuroimage*, 2001, Dec;14(6): 1290-301. Doi: 10.1006/nimg.2001.0917. PMID: 11707085.

DUFFAU, Hugues. Brain plasticity: from pathophysiological mechanisms to therapeutic applications. *J. Clin. Neurosci.* 2006, Nov;13(9):885-97. Doi: 10.1016/j.jocn.2005.11.045.

FELITTI, V. J; et al. Relationship of Childhood Abuse and Household Dysfunction to Many of the Leading Causes of Death in Adults The Adverse Childhood Experiences (ACE) Study. *American Journal of Preventive Medicine*. 1998, May;14(4):245-58. Doi:10.1016/s0749-3797(98)00017-8.

FELITTI, V. et al. Relationship of childhood abuse and household dysfunction to many of the leading causes of death in adults: The Adverse Childhood Experiences (ACE) Study. *American Journal of Preventive Medicine*, 14(4), 245-258. (1998)

FILLIOZAT, Isabelle. *Understanding Children's Emotions*. 2013.

GERHARDT, Sue. *Por que o amor é importante: Como o afeto molda o cérebro do bebê*. Porto Alegre: Editora Artmed, 2017.

GRAY, Philip. Theory and Evidence of Imprinting in Human Infants. The Journal of Psychology. 1958, 46:1, 155-166. Doi: 10.1080/00223980.1958.9916279

GUTMAN, Laura. *A Biografia Humana*. Rio de Janeiro: Editora BestSeller, 2016.

HAHN, Thomas. The Wedding of Sir Gawain and Dame Ragnelle. In: HAHN, Thomas. Sir Gawain: eleven romances and tales. Michigan: Medieval Institute Publications, 1995. Disponível em: https://d.lib.rochester.edu/node/33951. Acesso em: 22 jun. 2023.

HARRIS, Nadine Burke. *Mal Profundo*. São Paulo: Editora Record, 2019.

KOLK, Bessel van der. *O corpo guarda marcas: Cérebro, mente e corpo na cura do trauma*. Rio de Janeiro: Editora Sextante, 2020.

LEVINE, Peter; KLINE, Maggie. *Trauma-Proofing your kids*. Berkeley, California: North Atlantic Books, 2008.

LEVINE, Peter. *O Despertar do Tigre: Curando o Trauma*. Summus Editorial, 1993.

LORENZ, Konrad. Studies in Animal and Human Behaviour. [S.l.]: Harvard University Press, 1970. 387 p. v. 1.

MATÉ, Gabor. *When The Body Says No*. Wiley, 2003.

MCGOWAN, Patrick; et al. Broad Epigenetic Signature of Maternal Care in the Brain of Adult Rats. *Plos One*. 2011; 6(2): e14739.

MEANEY, Michael; SZYF, Moshe. Maternal care as a model for experience-dependent chromatin plasticity?. *Trends Neurosci*. 2005; 28(9): 456-463.

MILLER, Alice. *A revolta do corpo*. São Paulo, Martins Fontes, 2011.

MILLER, Alice. *O drama da criança bem-dotada: como os pais podem formar (e deformar) a vida emocional dos filhos*. São Paulo: Summus Editorial, 1986.

MILLER, Gregory; CHEN, Edith; PARKER, Karen. Psychological stress in childhood and susceptibility to the chronic diseases of aging: moving towards a model of behavioral and biological mechanisms. *Psychological Bulletin*. 2011, 137(6): 959-97. Doi: 10.1037/a0024768.

MIRABILE, Scott. Ignoring Children's Emotions: A novel ignoring subscale for the Coping with Children's Negative Emotions Scale. *European Journal of Developmental Psychology*. 2015 12:4, 459-471, Doi: 10.1080/17405629.2015.1037735.

MIRABILE, Scott; OERTWIG, Dejah.; HALBERSTADT, Amy. Parent emotion socialization and children's socioemotional adjustment: when is supportiveness no longer supportive?. *Social Development*. 2018, v. 27, 466-481.

MONTESSORI, Maria. The Montessori Method. New York: Frederick A. Stokes Company, 1912.

NEUFELD, Gordon. MATÉ, Gabor. *Hold on to your kids: Why Parents Need to Matter More than Peers*. Ballantine Books, 2004.

PERRY, Bruce; WINFREY, Oprah. *O que aconteceu com você?: Uma visão sobre trauma, resiliência e cura*. Rio de Janeiro: Sextante, 2022.

RUTSCHKY, Katharina. (Hrsg.). *Schwarze Pädagogik: Quellen zur Naturgeschichte der bürgerlichen Erziehung*. Berlin: Ullstein, Berlin 1977.

STEINER, Rudolf. *Die Grundfrage der Erkenntnistheorie mit besonderer Rücksicht auf Fichte's Wissenschaftslehre: Prolegomena zur Verständigung des philosophierenden Bewusstseins mit sich selbst. Rostock*, Univ., Diss., 1890.

TRONICK, Edward; ALS, Heidelise; ADAMSON, Lauren; WISE, Susan; BRAZELTON, Thomas Berry. (1978). Infants response to entrapment between contradictory messages in face-to-face interaction. *Journal of the American Academy of Child and Adolescent Psychiatry.* 1978, 17(1):1-13. Doi: 10.1016/s0002-7138(09)62273-1.

Caso esteja buscando um educador parental para apoiar você em sua jornada na Educação Positiva, entre no site **www.escoladaeducacaopositiva.com.br** e confira nossa lista de profissionais formados em Educação Positiva.

Primeira edição (agosto/2023)
Papel de miolo Ivory Slim 65g
Tipografia Roboto e Futura
Gráfica LIS